PASCAL

THÉMATIQUE DES *PENSÉES*

BIBLIOTHÈQUE D'HISTOIRE DE LA PHILOSOPHIE

PASCAL
THÉMATIQUE DES *PENSÉES*

édité par

LANE M. HELLER

et

IAN M. RICHMOND

PARIS
LIBRAIRIE PHILOSOPHIQUE J. VRIN
6, Place de la Sorbonne, V^{e}

1988

Printed in France
ISBN 2-7116-0975-8

PRÉFACE

Les études savantes que nous publions dans ce volume furent présentées au Colloque Pascal : Thématique des Pensées, *qui eut lieu à l'Université de Western Ontario en avril 1984. Comme le dit si bien un des participants, les thèmes abordés sont tous de grands thèmes pascaliens. Nous ajouterions que loin de les épuiser dans les pages qui suivent, les auteurs ne proposent que des esquisses qui ont néanmoins le mérite de dégager d'ores et déjà un coin important du ' plus haut sens ' des* Pensées. *Après des panoramiques, il faut des gros plans.*

C'est donc en tant que contribution majeure à la critique pascalienne des années 80 que nous offrons aux amateurs du grand Auvergnat ce livre qui est le fruit de ces journées printanières au cours desquelles un groupe de fervents pascaliens venus de France, du Canada et des États-Unis ont pratiqué cet ' art de conférer ' de Montaigne dont Pascal signala jadis l'incomparable valeur.

Que le lecteur bénévole puisse s'inspirer de ces sept études pour pénétrer plus profondément dans ce classique de la littérature que sont les Pensées *de Pascal !*

Lane M. HELLER,
Ian M. RICHMOND,
The University of Western Ontario
London, Ontario, Canada.

LA DISPOSITION DES MATIÈRES

Cette communication a été prononcée quelques semaines avant que mon livre, *The Composition of Pascal's Apologia,* ne soit sorti des Presses de l'Université de Toronto. J'ai profité de l'occasion pour exposer quelques-unes des idées clés du livre. Pour de plus amples renseignements je renvoie à ce texte, sous la forme « ARP 10 » (etc...). J'ai allégé autant que possible ici l'appareil critique, vu que toutes les références désirées se trouvent dans les notes de l'ouvrage cité.

I

« La disposition des matières » a une importance capitale pour l'interprétation des *Pensées,* c'est Pascal lui-même qui l'affirme (La. 696). On comprend mal le but de Pascal apologiste et la portée de divers fragments si on persiste à lire les *Pensées* dans un ordre non pascalien. Pascal s'est donné deux tâches, deux défis, et la solution de tous deux dépendait de l'ordonnance interne des idées :

1) Peut-on présenter la foi chrétienne d'une façon qui persuadera au non-croyant de s'ouvrir à la foi ?

2) Peut-on reconnaître que le christianisme est bien une question de foi, et non de démonstration et de preuves ?

Monsieur Mesnard a remarqué que c'est la volonté (le troisième " ordre ") qui détermine si la raison (deuxième " ordre ") sera mise au service de Dieu. Si le langage appartient au premier ordre (le corps), le discours appartient normalement au deuxième, et Pascal veut inventer un discours approprié au troisième. Ainsi Pascal parle du discours de Jésus et de saint Paul et de saint Augustin, qui ont « l'ordre de la charité » (La. 298). « Cet ordre consiste principalement à la digression sur chaque point qui a rapport à la fin pour la montrer toujours ». Le problème de la disposition dépasse donc celui de la conduite efficace d'un raisonnement. Il s'agit plutôt pour créer une structure verbale capable de persuader sans faire violence, de faire remarquer la cohérence d'un système qui se situe au-delà de la raison des philosophes, même canonisés.

Avant la rédaction des **Pensées**

L'idée de pratiquer l'art délicat de persuader est au cœur du projet dont Pascal a entretenu M. de Sacy en 1655 (La. pp. 292-7, v. ARP 299-302). (On ne parlera pas ici des antécédents de ce projet.) Je suis d'avis qu'il y avait, à la suite de cet entretien, un premier état de l'apologie, un " discours post-Sacy " (ARP 305-14). Les pascaliens se rappelleront la théorie de Paul-Louis Couchoud (1947) selon qui certaines feuilles, de grand format, viennent d'un « Discours sur la condition de l'Homme » abandonné. Couchoud est certes allé trop loin, et plusieurs de ses arguments ne convainquent pas. Cela ne doit toutefois pas nous aveugler. Si l'argument de Couchoud est fondé sur l'existence de " grandes feuilles ", il ne suffit pas de répondre que Pascal a toujours écrit sur des feuilles de grand format. Les feuilles citées par Couchoud se distinguent de toutes les autres feuilles en ce que Pascal a rempli les deux côtés. Le texte de ce discours hypothétique fait souvent écho à l'*Entretien* et à un autre opuscule de la même date, *De l'Esprit géométrique* (La. pp. 348-59) [1] et le texte obtenu d'un rapprochement des feuilles en question, même s'il présente des lacunes, a une unité indéniable. Il s'agit des fragments 60 et 76, 109, 110, 131 et 208, 149 page 2 (c'est-à-dire à partir de « C'est en vain, ô hommes ») et peut-être de 418 et de 199 (ARP 313-7). L'argument qui se dégage de ses fragments porte sur deux considérations essentielles :

- que toute explication valable de l'homme doit embrasser tous les aspects de la situation où les hommes se trouvent, et éviter la partialité; et que seule la religion chrétienne répond à cette exigence.
- que la foi n'est pas produite par la raison, quoique la raison ait un rôle et des plus importants.

[1] Pour la date de *l'Esprit géométrique,* Cf. MESNARD 355.

Tactique à suivre

L'étape suivante consisterait à mettre sur le papier des fragments qui allaient former la base d'une apologie beaucoup plus ambitieuse que le discours post-Sacy. Cette étape se distingue à la fois par sa tactique et par la méthode de composition employée.

La tactique se définit dans le premier segment enfilé dans la première liasse, soit le fragment n°12 :

> Les hommes ont mépris pour la religion. Ils en ont haine et peur qu'elle soit vraie. Pour guérir cela il faut commencer par montrer que la religion n'est point contraire à la raison … la rendre ensuite aimable, faire souhaiter aux bons qu'elle fût vraie et puis montrer qu'elle est vraie …

Le premier obstacle à franchir est non une objection posée par la raison, mais une émotion qui entrave celle-ci, à savoir la peur qui entraîne la méfiance. La première tâche sera donc de calmer cette peur. Et le meilleur moyen sera de la déplacer, en montrant que la conception du monde la plus apte à créer la peur est celle du non-croyant. Il faut une issue, et la seule valable c'est le christianisme. Ce sera l'argument de la première partie. L'idée de « montrer que la religion n'est point contraire à la raison » ne peut être considérée qu'après avoir apaisé le malaise de ceux qui se disent hostiles. Il faut que celui à qui Pascal s'adresse soit prêt, qu'il veuille écouter (« faire souhaiter aux bons qu'elle fût vraie »). L'indifférent évoqué par le fragment 12 était habitué par la peur, avait les oreilles bouchées. L'homme de la dernière partie, conscient des insuffisances de son agnosticisme, a une attitude plus positive. Ce n'est pas dire qu'il ne formule pas d'objection, et toute l'argumentation de Pascal est élaborée en réponse à « l'objection des athées » (qui pourrait être aussi l'objection des " bons ") que « nous n'avons nulle lumière » (La. 244).

La présentation de cette dernière partie est difficile, parce que la vérité du christianisme ne se reconnaît pas sans la foi; la raison seule ne suffit pas. « On ne prouve pas qu'on doit être aimé en exposant d'ordre dans les causes de l'amour » (La. 298). Même dans la partie la plus démonstrative, il ne faut pas présenter le christianisme comme un système clos, accepté par la seule force de la logique. Comme solution de ce problème méthodologique Pascal propose le " Dieu caché " comme hypothèse non vérifiable qui permet d'interpréter les signes d'une manière qui satisfait pleinement la raison. La méthode scientifique devient une mise-en-abîme de la foi.

Le but de cette partie est moins d'amener l'interlocuteur à croire, que de lui montrer que si Dieu lui donnait la foi, la raison ne se trouverait pas bafouée. On peut défendre le christianisme sans aucune gymnastique mentale pour sauver la bonne conscience. Savoir cela enlève un obstacle de poids. Mais il y a d'autres obstacles, pour lesquels il faut d'autres arguments, et en fin de compte la grâce même. Ces autres obstacles se situent dans la volonté et un certain nombre peuvent être réduits ou affaiblis par un discours d'homme à homme, qui dans le schéma pascalien doit précéder la partie démonstrative. Mais la capitulation finale de la volonté s'effectue au niveau d'une rencontre de l'homme avec Dieu, et ce n'est pas l'apologiste qui s'en vantera.

Rédaction des Pensées

Pascal se met donc à accumuler des " pensées " sous forme de fragments. Pourquoi des fragments ? Question élémentaire qui a dû se présenter à l'esprit de tous les lecteurs des *Pensées,* mais à laquelle on n'a jamais fourni de réponse. Il fallait trouver une méthode de composition qui permettrait de sauter par association d'idées (jamais arbitraire, puisque le tout forme une unité cohérente). On trouvera ainsi des rapports, des parallélismes inattendus entre les divers éléments. Les liens explicites se rangent nécessairement sous le drapeau de la raison qui veut tout comprendre par des enchaînements logiques. On les évitera donc, en faveur de " l' ordre de la charité ". Le principe de la digression se situe au niveau de la rédaction première autant qu'au niveau de l'organisation. Cette méthode si peu géométrique est possible grâce à l'unité profonde de la réflexion pascalienne sur la condition de l'homme.

Pascal avait une théologie cohérente qui informe toutes les parties de son argument. Sa conception de l'homme ainsi que sa manière d'approcher son interlocuteur non-croyant en dépendent étroitement. Son propre christianisme ne s'est pas découvert à la fin d'une démonstration mathématique, elle était déjà connue, par la foi et avait déjà été l'objet de mainte réflexion. Le christianisme de Pascal n'est pas constamment soutenu par une chaîne de raisonnements. Il est devenu une façon de voir et de comprendre le monde. Il est cohérent, conséquent, uni, la véritable clé de la condition humaine, et tout s'y rattache.

Classement des fragments

Quoiqu'un cadre existe déjà (dans le "Discours" décrit plus haut), Pascal se laisse rarement influencer par cette vue de l'ensemble lorsqu'il note ses pensées sous une forme fragmentaire. Il le ressuscitera, en le nuançant, à l'occasion de la troisième étape. Car le jour viendra où Pascal détachera ses fragments pour les distribuer dans des liasses. L'ordre de la présentation est un problème géométrique qu'on ne peut résoudre qu'une fois les fragments rédigés. Cela n'empêche pas que le fragment lui-même ne suggère de nouvelles réflexions – qui gardent, pour la plupart l'aspect fragmentaire. Il est curieux qu'il y ait si peu de fragments où Pascal réfléchit sur les problèmes de l'organisation elle-même. L'unité, la cohérence dont nous avons parlé est plutôt accessible à l'imagination, et elle existe déjà, en puissance, dans les fragments jetés sur le papier dans une "confusion " apparente (Cf. La. 532). Il ne faut pas la perdre de vue lors de la mise en vigueur des fragments dans une structure.

II

C'est de cette distribution ou *disposition* des matières que je voudrais parler. Je prends comme hypothèse de travail que Pascal savait bien ce qu'il faisait en rangeant ses fragments dans des dossiers ou liasses. J'accepte également, malgré les doutes de H. Gouhier (p.181) et d'autres, qu'une table de titres (non reproduite dans l'édition du Seuil) est de Pascal, et donne l'ordonnance authentique des ving-huit liasses [2]. On s'est souvent montré sceptique devant les résultats de ce classement. Une lecture même superficielle montre des incohérences : des fragments plus ou moins identiques dans des dossiers différents, des fragments qui semblent se rattacher logiquement à telle ou telle rubrique, placés dans un dossier tout autre. Mais cette lecture " même " superficielle n'est que superficielle. Si l'on admet que le classement était plus qu'un simple index, on voit très tôt que le système de Pascal se justifie complètement : les liasses correspondent aux chapitres d'une apologie. Pascal ne met pas sous une

[2] Cf. MESNARD 27-8.

même rubrique tous les fragments qui traitent le même thème. Un argument exige des reprises, des rappels, et c'est souvent en fonction de nouveaux développements que Pascal sépare un fragment d'autres fragments qui lui ressemblent. Pascal ne fut jamais homme à s'attarder sur des détails s'il croyait résolu le problème de base. Il est évident que Pascal a vu le mouvement complexe de son argument lorsqu'il classait ses fragments, et que son " premier " classement a servi en même temps à fonder le plan détaillé de l'œuvre projetée. Il se peut bien que son classement ait eu un premier caractère plutôt rigide, qu'il n'a pas tardé à perdre.

Il reste certes des cas où les raisons logiques pour le choix fait par Pascal nous échappent. Une autre hypothèse de travail se présente qui permettra de contourner la difficulté. Si le dessein de l'apologie est devenu plus net à mesure que Pascal poursuivait son classement, on s'attendrait à trouver que le flottement dans les intentions de Pascal serait plus marqué dans les premiers fragments enfilés dans chaque liasse [3]. Une telle enquête mène à des résultats très suggestifs pour toutes les parties de l'Apologie – les préliminaires des dix premiers chapitres, la transition (liasses 11 à 18), l'argument historique (19 à 25) [4].

La partie préliminaire

J'insisterai surtout ici sur la portion centrale de l'Apologie, mais il est nécéssaire de dire quelques mots sur les dix premiers chapitres. Le plan de la première partie est donné, assez sommairement, dans un fragment bien connu de la première liasse :

> Misère de l'homme sans Dieu.
>
> … Que la nature est corrompue par la nature même (La. 6).

[3] A-t-on besoin de préciser que la méthode de classement pratiquée par Pascal consistait à fixer les papiers sur des épingles ? Une fois en place, un fragment ne pouvait pas être enlevé sans qu'on dérangeât tous les papiers placés au-dessus. Le dernier fragment enfilé dans une même liasse suivrait l'ordre inverse de l'ordre du classement.

[4] La table de titres donne vingt-huit titres, la copie fait état de vingt-sept liasses. Lafuma suit la numérotation de la table, et la liasse manquante devient " XV bis ". Nous préférons compter vingt-huit titres, sans interruption, mais nous nous conformons ici à l'édition de référence, au risque de désorienter le lecteur qui veut se référer à notre étude *The Composition of Pascal's Apologia.* Cf. pages 493 (n.74), 491 (n.56), 502 (n. 107).

Il faut souligner les mots " sans Dieu ". Jamais Pascal ne dit que la misère caractérise la condition humaine. Il affirme seulement que ceux qui croient que l'homme est " sans Dieu " sont amenés inévitablement à constater la misère de notre condition. C'est ce qu'il va établir dans sa première partie. Il s'appuiera sur une autorité que le libertin lui-même accepte : Montaigne. Parler ici de plagiat est une contradiction. « Qu'on ne dise pas que je n'ai rien dit de nouveau, la disposition des matières est nouvelle » (La. 696). Montaigne l'a dit, le libertin le répète, mais c'est Pascal qui en tirera la conclusion nécessaire.

La formulation du fragment 6 reste théologique (" sans Dieu ... corrompue "). Mais toute référence à la théologie est bannie des fragments classés; il faut à tout prix ne pas aliéner le lecteur sceptique, qui rejettera les mots comme " corruption ", si lourds de sens.

On a souvent remarqué que la distinction entre les chapitres 2 (" Vanité ") et 3 (" Misère ") n'est pas bien nette. Pascal ne fait que ramasser quelques éléments qui rendront difficile de refuser l'idée de la misère de l'homme tel que Montaigne la présente. Il se peut que Pascal ait commencé par le dossier " Misère ". Si on lit les fragments à commencer par le premier enfilé, on voit que plusieurs motifs s'y annoncent, même " la vanité " (ARP 345-8). Après avoir enfilé presque une vingtaine de fragments, Pascal crée un nouveau dossier, " Vanité ", en commençant par un fragment (La. 52) qui ne fait que gloser le n° 58 de " Misère ", comme le fragment suivant (La. 51) glose le n° 60. Après quoi ce sera le dossier " Vanité " qui servira de fourre-tout, et l'autre dossier ne recevra plus que trois ou quatre fragments.

De nouvelles distinctions se font voir par la suite. Un dossier avorté cédera à un autre (" Divertissement ", 8°) qui développera quelques idées déjà suggérées dans " Vanité ". Le cinquième dossier (" Raison des effets ") révèle la méthode pascalienne. Pascal va procéder par un « renversement continuel du pour au contre » (La. 93). Les " vérités " acquises – que « les opinions du peuple sont vaines » – ne sont que des demi-vérités, puisque les mêmes opinions sont saines. La théorie est mise à l'épreuve dans le domaine de la justice, où Pascal développe une série d'antithèses fortes sur l'opposition justice / force.

On peut croire que si le dossier 5° avait existé dès le début, plusieurs fragments des dossiers 2° et 3° auraient été placés là, y compris le fragment 14 qui est presque le dernier mis par Pascal dans son dossier sur la " Vanité ". Il y a dans le cinquième dossier des réponses à certains fragments déjà placés, ce qui laisse croire que Pascal a trouvé et découpé ces réponses relativement tard. Mais nous n'osons être dogmatique; dans l'étude des papiers de Pascal, on est constamment tenté par des hypothèses que d'autres faits semblent infirmer.

L'organisation de la première partie devient très claire à partir de la liasse 6°. C'est là que nous nous rendons compte que la " misère " présentée dans les premiers chapitres n'est qu'un seul aspect de l'humanité – une demi-vérité en somme – car l'homme peut prétendre également à la grandeur. Si le fragment 110 est mis sous le signe de la " Grandeur ", c'est qu'il traite de la pensée, et « pensée fait la grandeur de l'homme » (La. 759). La vérité c'est que l'homme est double, et le mot qui définit le mieux sa situation est celui de " Contrariétés " (7°). La liasse " Contrariétés " héberge la pensée 131, écrite pour l'étape " post-Sacy ".

Un premier fragment s'achève donc avec la section 7°. En l'élaborant, Pascal a raffiné d'avantage son analyse. Malgré la présence dans les premiers chapitres, de fragments traitant la recherche universelle du bien, Pascal tend à concentrer son attention sur la recherche du vrai, et il ouvre une nouvelle section pour parler de la recherche du bien.

Ayant chassé l'idée du vrai à travers plusieurs positions contradictoires (dogmatiques, sceptiques, qui ont tous tort et qui ont tous raison), Pascal est visiblement tenté par l'idée de trouver le même schéma pour la recherche du bien. Le chapitre " Divertissement " parle de la recherche du plaisir, le chapitre " Philosophes " de l'idéal stoïque. Les deux impulsions font partie de l'homme, aussi contradictoire dans la recherche du bien que dans celle du vrai. Il n'y a pourtant aucune liasse qui corresponde clairement à " Contrariétés ". C'est dans la première " série " de papiers non classés (c'est-à-dire non rangés dans les liasses) qu'on trouve une demi-douzaine de fragments qui auraient pu servir de conclusion (La. 410, 407, 401, 400, 399, 398, cf. aussi La. 430 – ARP 124-7, 356- 7). Or cette énigmatique " série I " suit (à condition qu'on la lise à l'envers, comme nous l'avons fait pour la liasse 3°) à peu près le même schéma (ou version provisoire du schéma) que les vingt-huit liasses, ce qui confirme notre idée que la conclusion de la section sur le bien aurait pris la forme indiquée. Dans ces quelques remarques sur la première partie nous avons voulu en dégager le schéma, et suggérer que certains détails s'expliquent si on accepte l'hypothèse d'une évolution dans le degré du raffinement : " Misère " d'abord, " Misère et Vanité " ensuite, l'argument sur la recherche du vrai se poursuivant dans " Grandeur " et " Contrariétés " sur une méthode mise en œuvre dans un chapitre de transition (" Raison des effets "), avec un argument parallèle sur la recherche du bien ("Divertissement ", " Philosophes ") où la conclusion ("Souverain Bien " ?) n'est pas suffisament élaborée, quoique les fragments essentiels soient déjà rédigés.

Cette idée d'une version élaborée de jour en jour trouve un appui inattendu dans le fameux Discours où Filleau de la Chaise résume une communication ou conférence que Pascal aurait faite devant ses amis. Nombreuses sont les questions soulevées par ce fameux Discours. On remarque que le résumé de la première partie est de beaucoup plus sommaire que celui de la seconde partie qui intéressait Filleau davantage. On a soupçonné que Filleau s'appuyait sur la copie des manuscrits. Mais on a été vite frappé par les différences entre la première partie du Discours et la première partie de la Copie. Or, la version de Filleau correspond assez bien à ce que nous avons proposé comme une étape dépassée de la premère partie (ARP 380-6). Est-ce que le rapporteur se fiait pour la première partie aux notes prises en juin 1658 par le duc de Roannez, et est-ce que dans sa communication Pascal se contentait pour sa première partie de résumer l'idée qu'il en avait, mais qu'il n'avait pas encore développée ?

On dit parfois que les papiers ont été classés en vue de la " conférence ". Hypothèse très fragile, si on se rend compte que les quelques pages qui portent l'avis " APR " (c'est-à-dire : A Port-Royal, lieu présumé de la conférence) ne viennent pas (sauf dans le cas du fragment 149) sur le dessus des liasses constituées (ARP 377-80). Le classement a donc continué après la conférence, qui aurait été un " état présent ", pour lequel Pascal avait mis de côté quelques feuilles contenant des idées-clés. Il y aurait parlé moins de la première partie que de la façon dont on pouvait avancer de la démonstration de la " misère de l'homme sans Dieu " à l'exposé de la validité de la religion chrétienne. C'est vers cette partie centrale que nous nous tournons maintenant.

La partie centrale.

La partie centrale correspond à la deuxième des trois étapes définies dans le fragment n°12 : « la rendre ensuite aimable, faire souhaiter aux bons qu'elle fût vraie ». Si on s'en tient à la division binaire du fragment n°6, elle serait la transition entre les deux piliers

(" Misère de l'homme sans Dieu – Félicité de l'homme avec Dieu "). Les manuscrits posent plusieurs problèmes qui n'ont pas été résolus. Il est très clair néanmoins qu'on se trouve ici devant un cas très net d'*élaboration* pratiquée sur un fond à l'origine très simple. Encore une fois Pascal est guidé par le but de *persuader* l'interlocuteur d'accepter le don que Dieu seul pourra lui offrir.

Les critiques ne manquent pas qui ont trouvé cette partie de l'apologie difficile, au point que certains mettent en question la valeur de la table des titres. Sur cette table les dix premiers titres sont inscrits dans une première colonne à gauche. Tous les autres se trouvent dans une deuxième colonne, nécessairement plus sérrée, qui est à droite (ARP 9-12 et 488-91, n. 40-65). Aucun doute qu'il s'agit d'une copie figurée où mêmes les ratures (titre 5) sont maintenues. Il faut donc croire à une table originale qu'on jugeait authentique. Ce que les critiques ne veulent pas accepter, c'est la théorie que la deuxième colonne représente un ordre définitif.

Le premier titre ("APR"), par exemple, semble appartenir à un ordre de pensées tout à fait différent de celui qui a commandé la première série. Le long fragment qui constitue à lui seul cette onzième liasse porte la mention " Commencement ". La quatrième feuille a été détachée et classée dans la dix-huitième liasse. Le douzième titre (" Commencement ") est, dit-on, visiblement mal placé ; la seule position convenable serait au début de la première colonne. On attache d'habitude le fragment 427 à cette liasse, et il est de tradition de considérer le n°427 comme une Préface (ARP 518 [et non 516] n. 2-3). Le titre « Transition de la connaissance de l'homme à Dieu » (15°) semble mal placé lui aussi. Et que dire du contenu de cette liasse où figurent deux pensées fort différentes l'une de l'autre (La. 198 et 199) et dont la dernière fait écho à des fragments classés parmi les pensées sur la vanité et la misère ? La liasse correspondant au seizième titre manque dans la copie, la liasse 17° (équivalant au dix-huitième titre) est insuffisant ... d'ailleurs, l'ordre des " Preuves " (liasses 18° à 25°) est passablement incohérent.

Pour notre part nous ne voyons qu'une seule difficulté véritable dans tout ce réquisitoire. Plutôt que de répondre ici à chaque question, une par une, nous allons poursuivre notre exposé génétique, proposant l'idée d'une première transition simple qui s'est compliquée à mesure que Pascal y réfléchissait.

Commençons par jeter un coup d'oeil sur ce que nous avons appelé le discours " post-Sacy ". Le fragment 110 répond à l'objection suivante : « Si vous ne pouvez pas prouver le christianisme, n'attendez pas que je me laisse persuader ». Dans d'autres fragments Pascal poursuit l'idée qu'on peut " connaître Dieu " par le cœur, sans preuve, sans étude, pourvu qu'on ait un instinct à se haïr soi-même et à aimer Dieu (La. 380-382). La treizième liasse (" Soumission et usage de la raison "), remontant sans doute à l'époque où Pascal combattait les Jésuites au sujet des miracles (ARP 329), contient le fragment 180, où il dit que la raison peut bien examiner les miracles et les prophéties, sur lesquels la religion chrétienne est fondée. Autre piste : dans les fragments La. 131 et 208 (ARP 357-61), ainsi que sur les feuilles 2 et 3 (première partie) de La. 149, Pascal dit que le christianisme, seul entre les religions, fournit une explication et une solution au dilemme posé par la dualité de l'homme. La solution peut bien être incompréhensible, incroyable, peut répugner d'abord à la raison, mais ces objections sont moins importantes qu'on l'aurait pensé.

Il n'est pas difficile de voir l'argument que Pascal allait élaborer sur ces données. Il y a d'abord l'idée que le christianisme (s'il est vrai) fournit le remède que les philosophes, comme les autres religions, n'ont jamais pu trouver. En second lieu, le thème de la « félicité de l'homme avec Dieu » qui vient (selon la formulation dogmatique du n°6) du Rédempteur. Il y aura toute une liasse (" Morale chrétienne ") pour souligner la qualité de la félicité éprouvée par celui qui choisit de se mettre " avec Dieu ". Or ce rédempteur qui garantit la félicité, c'est Jésus-Christ. Un troisième aspect est donc la justification de la prétention quant au statut messianique de Jésus, qui sera tirée de " l'Écriture " (La. 6), où il est question entre autres choses des prophéties et des miracles.

On voit donc pourquoi les fragments 380-382 deviennent la conclusion de l'entreprise. Dans cette conclusion Pascal rappellera qu'il n'est pas nécessaire que tout le monde passe par des " preuves " de la religion. Les preuves justifient le chrétien, mais c'est souvent son expérience morale qui entraîne l'adhésion au christianisme. Pourtant le n° 220, qui combine le motif de la détestation de soi-même avec celui du caractère unique du christianisme (« Nulle autre religion n'a proposé de se haïr ... »), deviendra le premier fragment dans un nouveau dossier : " Fausseté des autres religions ". Le fragment 214, qui y entrera par la suite, est semblable. Le même dossier logera le fragment (ancien) n°208 (détaché maintenant du fragment 131 qui a inauguré la liasse de " Contrariétés ", ARP 357-361), portant sur l'idée du christianisme comme remède aux " vices " des " diverses sectes ". C'est un cinquième motif, nouveau semble-t-il, qui insistera sur la supériorité du christianisme lorsqu'il est comparé à ces rivaux.

Enfin la première feuille du fragment 149 (" APR ") marque un effort pour relier la première partie de l'apologie à cette nouvelle section (" Fausseté des autres religions "; ARP 359 et n. 9). Pascal puise dans les notes de la feuille 2.

Voilà donc la première étape dans la longue élaboration d'une transition entre la première partie et la conclusion. La première partie aboutissant à l'échec des philosophes et des religions comme la mahométane, a balayé le chemin. Très supérieur à la religion mahométane, le christianisme comprend la situation où les hommes se trouvent, identifie leurs besoins, offre une explication théorique et des remèdes. Pour certains cela suffit, et ils « l'embrasseront incontinent » (La. 220).

Pour d'autres, dont à coup sûr l'interlocuteur fictif qui garde tout son esprit critique, il ne peut être question de proposer un saut dans la foi. Même si son hostilité vis-à-vis du christianisme s'est réduit à cause des arguments négatifs et positifs déjà entendus, il ne peut pas accepter le Christ avant de s'assurer que Jésus est bien le Messie attendu par les Juifs. Les Juifs après tout ne l'acceptèrent pas. Le thème des preuves historiques entre, lui aussi, dans le chapitre de la " Fausseté ", mais il vaudrait mieux créer un nouveau dossier, où pourraient être traités à la fois les " fondements " et certaines " objections ".

Les fondements sont multiples, et Pascal a vite compris la nécéssité de toute une série de dossiers, dont l'histoire est passablement compliquée (ARP 361-9). Seuls les fragments de la liasse 19° (y compris le fragment 243 qui présente le fondement de base, la Bible – cf. n° 6 « Qu'il y a un Réparateur. Par l'Écriture ») portent sur les fondements.

L'autre moitié du titre (" Réponses à quelques objections ") garde pourtant toute son importance (ARP 370-4). Le premier fragment enfilé est le n°244 (« Objection des athées : mais nous n'avons nulle lumière »). Elle est capitale. Non seulement c'est une objection sérieuse à laquelle il faut répondre, la réponse devient une *méthode* essentielle pour le décodage de l' " évidence " que Dieu a laissé lui-même. Dieu est un Dieu caché. L'Écriture a deux sens, un littéral et un autre, figuré donc caché.

La suite du fragment 149, qui continue jusqu'à une quatrième feuille, touche à la même question. Pascal répond à plusieurs objections (incompréhensibilité, etc .) et en dernier lieu il tombe sur l'objection que Dieu n'est pas visible. La dernière feuille entre dans la dix-huitième liasse – c'est le quatrième papier enfilé sur vingt-deux – et une partie de la troisième feuille devait logiquement l'accompagner. D'autres réflexions de la troisième feuille trouvent un écho parmi les papiers de la dix-huitième liasse. Mais la troisième feuille elle-même, inséparable de la deuxième n'y entre pas.

Les trois premières feuilles n'entrent pas dans l'autre dossier (" Fausseté des autres religions ") non plus. Pascal les a gardées à part, sachant sans doute qu'une transition beaucoup plus complexe s'imposait. Peut-être considérait-il que le raisonnement s'imposait trop vite, qu'un interlocuteur qui soulevait trop d'objections avait besoin d'être ménagé. Cette présentation de la religion chrétienne risquait de devenir argument, discours, capable par là d'aliéner l'interlocuteur dont les besoins l'avaient occupé dans toute la première partie.

La nouvelle étape dans l'élaboration d'une transition se divise nettement en deux. La première question (comment préparer l'interlocuteur) est le sujet de trois dossiers dont deux (« Soumission et usage de la raison » et « Transition de la connaissance de l'homme à Dieu ») sont constitués de manière relativement ancienne, qui n'avait pas jusqu'ici trouvé sa place, tant l'argument s'est développé de façon unie.

L'autre dossier qui porte le titre " Commencement " est nouveau. Ici Pascal fixe son regard sur la réaction – ou plutôt les réactions possibles – de l'interlocuteur. La clé en est le long fragment n°427 (en dehors des liasses). En l'absence du manuscrit on ne saurait dire pourquoi il n'a pas été classé. Je doute fort qu'il ait été rédigé à une date ultérieure. Il ramasse dans un argument soutenu plusieurs indications notées à part et classées dans la liasse 12, et lu tout de suite après la première moitié du fragment 149, il sembla arriver à propos.

Le fragment 427 représente la dernière attaque contre l'athée qui se vante de son indifférence. Pascal réussit à tourner cette indifférence à son avantage. Elle montre, dit-il, que c'est avec raison que le christianisme parle de la corruption de l'homme. Il introduit également l'objection que Dieu est invisible. Le christianisme, répond Pascal, n'a jamais prétendu le contraire.

Pour des lecteurs plus dociles, des tactiques plus douces. Le fragment finit en annonçant un ordre pour les " preuves " qui vont suivre. Mais là encore, c'est aller un peu vite, et d'autres chapitres (y compris naturellement, " Fausseté ") vont intervenir.

Enfin le titre " difficile" de " Commencement " s'explique. C'est ici que l'interlocuteur commencera à considérer le christianisme. Tout ce qui précède n'est que préléminaire, fait pour déplacer la preuve que l'honnête homme éprouve devant la religion chrétienne, et montrer que c'est son propre agnosticisme qui devrait inquiéter.

Si on relit le fragment 12, on est frappé par l'expression « Pour guérir cela [la haine et la peur] on doit *commencer* par montrer que la religion n'est point contraire à la raison ». L'entreprise véritable commence pour Pascal au moment où l'interlocuteur sait entendre raison.

Pourtant lorsqu'il s'agit de calmer la peur, Pascal a recours à une autre tactique, et on voit que les fameuses pages sur " Infini rien " (non classées) auraient été à leur place à la fin de ce douzième chapitre. C'est, si l'on veut, une dernière digression psychologique avant la partie la plus démonstrative.

On se rappelle que dans la première partie, Pascal a trouvé commode de distinguer les domaines du vrai et du bien. Dans " Infini rien " (La. 418), il dit à son interlocuteur « Vous insistez que la raison n'a pas de preuves totalement convaincantes de la vérité (et de la fausseté) de la religion chrétienne. Ecartons donc pour l'instant la recherche du vrai. De quel côté faut-il rechercher le bien ? » Le pari est l'action d'un homme qui voit que, si la question de la vérité est réglée, le christianisme offre un degré de félicité très supérieur à ce qui attend le non-croyant. Quelques objections sont soulevées et résolues. Après quoi l'interlocuteur aimerait croire – il souhaite que le christianisme soit vrai – et il est temps alors de ressusciter la raison et de poser la question : « N'y a-t-il rien qui puisse satisfaire la raison dans cette démarche ? » Si, répond Pascal, il y a l'Écriture, c'est-à-dire un examen de l'Écriture montrera le bien-fondé des prétentions messianiques de Jésus. Enchanté, l'interlocuteur se sent prêt à s'incliner ...

Cette difficulté majeure écartée, Pascal peut continuer à faire la cour à un interlocuteur hésitant mais raisonnable et ouvert. Un treizième chapitre sera consacré aux réflexions sur la « soumission et l'usage de la raison ». Un autre chapitre (en l'occurence le quinzième) montrera exactement l'usage qu'on peut faire de la raison. Réfléchissant sur le vaste univers où l'homme se trouve (c'était déjà la cause d'une certaine inquiétude dès les premiers chapitres), Pascal montre que nous pouvons bien concevoir la nécessité d'un Créateur tout-puissant (La. 199). Mais cette voie-là ne mène pas à une religion personnelle. Dans le fragment 198, moins cité que le fragment 199 mais d'une importance capitale, Pascal indique qu'il faut étudier la religion chrétienne à sa source même, car c'est la seule issue pour quiconque est bouleversé et effrayé par la grandeur des problèmes qui nous guettent.

Les trois chapitres que nous venons d'étudier créent une transition riche en notations psychologiques, qui traversent le même terrain que le fragment 149. Celui-ci comporte trois parties : introduction qui relie ce qui va être dit à ce qui a été énoncé dans les dix premiers chapitres ; remarques sur la fausseté des autres religions ; remarques finales sur le fondement théorique du *Deus absconditus*. L'interlocuteur se trouve moins bousculé, le terrain mieux préparé.

La seconde partie

La dernière partie s'ouvre sur le chapitre où il est question de la fausseté et de l'insuffisance de toutes les autres religions, et passe à la considération de la théorie essentielle de la nature cachée du divin, avant de traiter des fondements historiques révélés par l'Écriture sainte. Pascal a senti le besoin d'autres réflexions générales, une sorte de préface au seuil de cette partie historique. Ayant rompu le passage qui menait de la première partie à la seconde au moyen du fragment 149 et de la liasse " Fausseté ", Pascal peut introduire à sa guise de nouvelles considérations. Il parle ainsi de " l'excellence " de cette manière de prouver Dieu (c'est-à-dire de prouver Dieu par la personne de Jésus). Jésus seule garantit une religion personnelle qui s'adresse au cœur de l'homme. Ce dossier est devenu le quatorzième, et le fragment 449 (comme le fragment 427 pour le chapitre 12°) en fournit la clé . Ensuite il voulait parler un peu des deux piliers de la religion chrétienne : la charité et la rédemption. Les deux dossiers prévus restent plus ou moins avortés. " La religion aimable " (liasse 17°; cf. La. 12, « la rendre ensuite aimable ») ne contient que deux fragments, d'intérêt plutôt technique, sur l'universalité de la rédemption. Aucun dossier ne correspond au seizième titre (" La nature est corrompue "). Pour notre part nous acceptons l'hypothèse de Jean Mesnard qui veut que les deux premiers fragments mis dans la première Série, à savoir La. 417 et 416, constituent le dossier perdu (Mesnard, 42-3, ARP 343-4). Nous aurions préféré une formule comme " avaient vraisemblablement constitué ". Nous croyons que les fragments en question ont été placés dans cette première Série ou " Unité ", dont nous avons déjà signalé l'importance, à un moment ou l'apologie devait commencer par des considérations sur la corruption (« Que la nature est corrompue. Par la nature même. » [La. 6]).

Cette entrée en matière a été abandonnée lorsque Pascal, comprenant le danger à parler théologie à un sceptique, y a substitué la première partie que nous connaissons. Quoi qu'il en soit il est évident que Pascal voulait introduire au seuil de la seconde partie un chapitre, peut-être assez court, sur la " nature corrompue ". Je ne peux pas accepter l'idée de Pol Ernst qui voulait insérer ici les dix premiers chapitres ! Tout ce qu'il faut c'est un rappel de ce qui a été établi, en indiquant la dimension théologique des éléments présentés plus haut. Il est intéressant de remarquer dans les papiers non classés dans les liasses (Séries XXIII, XXIV, XXV) de nombreux fragments qui seraient entrés sans difficulté dans les premiers chapitres, mais qui en sont exclus à cause de leur référence théologique (ARP 400-4) comme par exemple, La. 613 : « Grandeur, misère ... La religion ne fait que connaître à fond ce qu'on reconnaît d'autant plus qu'on a plus de lumière ».

On aura remarqué une difficulté que j'ai passée sous silence. L'ordre définitif diffère un peu de ce que je viens de présenter comme l'enchaînement logique des idées. Pourquoi est-ce que ce dossier sur " l'Excellence " se situe dans la table avant la " Transition de l'homme à Dieu " ? Pourquoi la " Fausseté " se place-t-elle entre " La nature est corrompue " et " la Religion aimable " ? La deuxième question ne pose pas de problème : il y a deux thèmes dans " Fausseté " et la liasse 18° peut bien figurer comme appendice au premier (ARP 284). Mais le déplacement des liasses 14 et 15 est autrement grave. Remarquons qu'il n'affecte pas l'argument présenté ici. Tout ce que j'ai voulu suggérer est que la partie centrale de l'apologie, trop souvent condamnée comme incohérente, s'explique très bien dès qu'on la voit comme remédiant à une première transition trop abrupte et trop systématique. Cette nouvelle transition a un caractère double. La partie la plus travaillée (trois dossiers substantiels) traite la question de l'attitude psychologique du lecteur, surtout du lecteur qui tient à l'usage de sa raison. L'autre partie (trois dossiers également) est très mince, et sert de préface à la partie chrétienne de l'apologie. L'argument se poursuit de façon logique, et les objections des critiques n'ont pas de poids.

Pourtant j'avoue que le raisonnement serait beaucoup plus logique si la « Transition de la connaissance de l'homme à Dieu » précédait « l'Excellence de cette manière de prouver Dieu ». D'autres savants se sont montrés perplexes sans tirer de leur perplexité la conclusion qui à mon avis s'impose, à savoir qu'ici (et ici seulement) l'ordre de la table est défectueux (ARP 455-9). Je suis le premier à comprendre ceux qui ne veulent pas introduire une modification qui n'a aucune justification " objective ". Mais personne jusqu'ici ne m'a convaincu qu'il y ait une interprétation cohérente de l'ordre reçu, tandis que les avantages pratiques de l'inversion sont multiples. Dans mon livre j'ai donc osé pratiqué cette transposition.

Conclusion

J'ai voulu montrer que l'ordre des liasses, conservé par la " table ", n'a rien d'arbitraire. L'ordre représente la solution de Pascal à son problème premier : comment ouvrir l'esprit fermé de l'indifférent. Mais j'ai voulu montrer ensuite que le plan, d'abord relativement simple, s'est compliqué sans perdre sa cohérence, et qu'une analyse serrée du contenu des liasses permet de suivre cette évolution. J'ai suggéré que si on commence par les fragments enfilés les premiers, on trouve souvent des textes qu'on se serait attendu à trouver ailleurs. Souvent l'hypothèse que l'autre dossier n'était pas disponible semble bonne, et ainsi on peut postuler un premier temps où " Misère " (ensuite " Misère et Vanité ") aurait représentée la première partie que Pascal a très tôt élaborée et divisée. La même hypothèse se produit pour le dossier " Fondements " dans la deuxième partie.

Est-ce que cette hypothèse justifierait une redistribution de certains fragments ? Il me semble qu'un tel pas serait fort imprudent. Dans la représentation que j'ai donné dans mon livre du mouvement de l'apologie, je suis allé jusqu'à dire, lorsqu'on se trouve devant quelques fragments qui cadrent mal avec la liasse où ils ont été classés, et où ils sont restés, que ce serait peut-être une solution élégante que de les déplacer – une solution que Pascal aurait peut-être adoptée. C'est tout ce qu'on peut dire. D'ailleurs j'ai toujours pu justifier, je crois sans rien forcer, le classement de Pascal.

Quant aux six cent fragments qui n'ont jamais été mis dans les vingt-huit liasses, c'est sans scrupule que j'ai parlé de tous ceux qui intéressent l'apologie dans ma discussion systématique des liasses. Faute d'avoir eu recours aux « papiers non classés », Pol Ernst a faussé le sens de plusieurs liasses, parce qu'il n'avait pas les transitions nécessaires et se voyait obligé d'en inventer pour suppléer à toutes les lacunes.

On dit quelquefois que si Pascal n'a pas achevé le classement des fragments par liasses, c'est qu'il trouvait insuffisant le schéma adopté. Jugement sans fondement, me paraît-il. Il n'y a rien à mon sens, qui eût menacé la cohérence de l'argument apologétique qu'on peut extraire des vingt-huit liasses – ce qui n'exclut pas, bien sûr, la nécessité pour Pascal de revoir son texte, tâche d'éditeur qui se serait imposée pour tous les fragments si Pascal avait poussé l'entreprise plus avant.

Est-ce que les fragments non classés ont été rédigés trop tard pour être classés dans les liasses ? Plusieurs papiers peuvent être datés de 1656 ou de 1657, ils précèdent donc le classement. Ceux qui sont sûrement ultérieurs sont peu nombreux. Evidemment les unités où ils se trouvent ont été constituées assez tard, mais cela n'empêche pas que les autres fragments, non datables, puissent appartenir à une époque plus ancienne. Dans la plupart des cas, des parallélismes verbaux font penser qu'ils sont contemporains de fragments " classés ". Ce qui renforce la conviction que les papiers non classés n'apportent rien de radicalement nouveau à l'argument élaboré dans les liasses. Ce qu'ils apportent, c'est surtout un éclaircissement de certains détails, ou bien ils comblent des lacunes évidentes.

Il y a même un fragment non classé (La. 793), qui a été beaucoup travaillé, dont les remaniements apportent une confirmation éclatante de notre hypothèse sur l'évolution du plan (ARP 411-3).

Il y a bien d'autres aspects des *Pensées* qui paraissent sous un éclairage nouveau si l'on ne perd jamais de vu la " disposition des matières " qui fait qu'il y a une partie séculière, une partie psychologique, une partie théologique et historique et une conclusion. Le style de Pascal, par exemple. Ne devrait-on pas parler plutôt de trois styles ? Le style dit tragique n'affecte que la première partie, où Pascal essaye par ses images ou par sa syntaxe, de provoquer l'angoisse de l'interlocuteur. Ensuite vient un style ludique, où par des jeux de mots et des jeux de syntaxe, Pascal laisse voir la possibilité de résoudre des contrariétés. Pour l'instant seule l'imagination saisit cette possibilité, la raison ne peut pas encore voir comment l'unité peut se former. Enfin la pensée systématique arrive là où l'imagination est arrivée depuis longtemps. Là on ne trouve plus la tension mais l'harmonie, et les contrariétés deviennent des éléments complémentaires (ARP 442-4).

Il me semble donc que la " disposition des matières " est la clé de voûte, et qu'on la néglige à ses risques et périls. Pascal avait raison de prétendre que c'était là sa contribution la plus neuve. Ses idées ont évidemment leur importance, mais elles entrent dans une espèce de tapisserie mouvante, et le vrai sens de chaque fragment, comme dans toute œuvre d'art, dépend de son contexte, de ce qui le prépare et de ce qui y fait pendant. Plusieurs idées sont provisoires, puisqu'elles sont adaptées à l'état d'esprit de l'interlocuteur imaginaire dont Pascal embrasse souvent les préjugés pour faire ressortir leur caractère et leurs conséquences. Une des notions fondamentales de Pascal est celle de la demi-vérité, et il s'en sert à des fins rhétoriques.

> Les deux raisons contraires. Il faut commencer par là. Sans cela on n'entend rien, et tout est hérétique. Et même à la fin de chaque vérité il faut ajouter qu'on se souvient de la vérité opposée (La. 576).

> Tous leurs principes sont vrais ... mais leurs conclusions sont fausses, parce que les principes opposés sont vrais aussi (La. 619).

A nous de garder l'esprit éveillé, et en partant des " demi-vérités ", de trouver la vérité. Elle ne se situe pas nécessairement au niveau du texte. Elle se dégage plutôt, comme toute vérité esthétique, lorsque le lecteur aura réfléchi à toutes les suggestions venant des divers rapprochements, échos parallèles qui approfondissent et menacent le sens des phrases individuelles. Il nous incombe donc de voir chaque fragment à la lumière de l'ensemble de l'apologie. Plutôt qu'un " penseur ", un " philosophe ", voire un " apologiste " dans le sens habituel du terme, Pascal est un *écrivain,* créant des formes et des schémas ("patterns ") qui fascinent et intriguent. Il crée un mythe poétique, et il lui arrive de se situer au point d'intersection où le mythe et la réalité se touchent, du moins pour le croyant. Pour ceux qui sont sensibles à la cohérence esthétique de l'œuvre d'art (cohérence reconnue par l'imagination active du lecteur), la cohérence des *Pensées* – qui nous échappe si nous négligeons la " disposition des matières " – est peut-être l'arme apologétique la plus efficace de toutes.

Anthony R. PUGH University of New Brunswick

RÉFÉRENCES

COUCHOUD, P. L., *Discours de la condition de l'homme,* Paris, Albin Michel, 1948.

ERNST, P., *Approches pascaliennes,* Gembloux, Duculot, 1970.

GOUHIER, H., *Blaise Pascal : Commentaires,* Paris, Vrin, édition revue, 1971.

MESNARD, J., *Les Pensées de Pascal,* Paris, SEDES, 1976.

PUGH, A. R., *The Composition of Pascal's Apologia,* Toronto, University of Toronto Press, 1984.

LE THÈME DES TROIS ORDRES DANS L'ORGANISATION DES *PENSÉES*

Au sein des *Pensées* de Pascal, le célèbre fragment sur les trois ordres fait figure d'une sorte de joyau isolé. S'il brille ainsi d'un éclat sans pareil, c'est sans doute d'abord pour des raisons contingentes, dont on peut rendre compte en considérant sa perfection formelle : parvenu au terme de sa rédaction, ayant pleinement réalisé la synthèse entre la forme progressive, linéaire du discours et celle, discontinue, répétitive, circulaire de la poésie et de la musique, entre les vertus du raisonnement et celles de l'incantation, Pascal n'avait plus à conserver des ébauches qui avait certainement existé : il les aura fait disparaître, gardant seulement le morceau achevé. Mais pour des raisons plus fondamentales, la signification du texte se révèle aussi très ponctuelle. Le rapport est étroit entre le sujet traité et le titre de la liasse où le fragment est rangé selon le classement de la *Copie*. Ayant à énoncer les *Preuves de Jésus-Christ,* et se heurtant à l'objection tirée de la condition obscure du Sauveur, Pascal s'applique à situer la grandeur de celui-ci dans son " ordre " véritable, celui de la charité, de l'amour, de la sainteté, infiniment supérieur à celui des esprits, où règnent les savants, lequel déjà est infiniment supérieur à celui des corps, c'est-à-dire de la puissance temporelle : ni l'éclat de cette dernière, ni celui de l'intelligence ne peuvent rien ajouter à celui, invisible, de la charité. Devant Jésus, Archimède n'est rien, tout comme le plus grand roi du monde. La cohérence du texte n'a d'égale que son extrême précision.

Toutefois, si la distinction des trois ordres est bien employé à faire valoir la grandeur propre de Jésus-Christ, les concepts mis en œuvre, ceux de corps, d'esprit, de charité, et les rapports institués entre eux offrent un caractère très général, si bien que leur portée peut être aisément étendue. Comment ne retrouverait-on pas les mêmes concepts, identiquement associés, en d'autres fragments ? Comment ce qui semble, au premier abord, un brillant unique, ne se rattacherait-il pas à une veine profonde ? Le morceau d'éclat inséré dans le chapitre *Preuves de Jésus-Christ* ne fournit-il pas une clé pour entrer dans l'ensemble des *Pensées ?* N'en indique-t-il pas un thème pourvu, comme il se doit, d'une certaine constance, et qui peut-être, aiderait à saisir l'organisation d'ensemble de l'ouvrage ?

La réponse à cette question exige que l'on opère simultanément deux démarches complémentaires, l'une d'extension, l'autre de compréhension. La première visera à inventorier tous les fragments des *Pensées* où la distinction des ordres peut être décelée. La seconde, menée parallèlement, essayera de préciser le sens de cette distinction, de fixer le statut des trois ordres. Il faut en effet approfondir la signification du thème si l'on veut élargir le champ d'application.

*

* *

Du fragment célèbre, ornement du chapitre *Preuves de Jésus-Christ* (La. 308 – Br. 793), il y a lieu, dans un premier temps, de rapprocher un seul autre fragment (La. 933 – Br. 460), avec lequel il entretient des relations évidentes, mais malaisées à définir. Pour la commodité de l'exposé, nous désignerons le premier par le sigle *P*, rappelant le titre du chapitre qui le contient, et le second par le sigle *C*, parce que la distinction des trois ordres y est étroitement solidaire de celle des trois concupiscences : « Concupiscence de la chair, concupiscence des yeux, orgueil ». A cette seule indication, il est aisé déjà de reconnaître qu'entre les deux fragments les différences ne sont pas moindres que les ressemblances. On peut constater d'ailleurs qu'ils ne se présentent pas du tout de la même manière dans les manuscrits : seul *P* figure dans les *Copies*. *C* n'apparaît que dans l'*Original* au même titre que d'autres fragments sans doute étrangers à l'*Apologie de la religion chrétienne*. Quant aux éditeurs qui ont voulu disposer les *Pensées* selon un ordre rationnel, notamment Brunschvicg, ils n'ont guère été tentés de rapprocher les deux textes, frappés qu'ils étaient par les différences plus que par les ressemblances. C'est pourtant le jeu des unes et des autres qu'il faut saisir pour atteindre aux racines le sens de la distinction des ordres. Une enquête méthodique le montrera.

Parmi les éléments communs, on mettra évidemment en tête, dans l'un et l'autre fragment, l'emploi du terme " ordre ", non pas en son sens usuel, fort souvent attesté dans les *Pensées*, de disposition réfléchie, calculée, méthodique [1], mais associé à une notion assez particulière à Pascal, celle d'un ensemble homogène et autonome, régi par des lois, se rangeant à un certain modèle, d'où dérive son indépendance par rapport à un ou plusieurs autres ordres. L'emploi du mot et de la notion est naturellement appelé par le souci de la classification, surtout lorsque s'introduit l'idée de gradation, d'étagement, de hiérarchie. Si proprement pascalien que soit ce sens du mot, il a pu être suggéré par celui qu'offre le vocabulaire social : on sait que la société française d'Ancien Régime était partagée en trois ordres, le clergé, la noblesse et le tiers état : encore les frontières sont-elles ici moins distinctement marquées et plus aisées à franchir qu'entre les ordres des *Pensées*. On peut aussi penser aux divers ordres d'architecture, dorique, ionique, corinthien. Mais surtout Pascal a déjà employé le mot, avec un sens analogue, dans ses écrits mathématiques : par l'expression " ordres numériques ", il désigne les successions de nombres dont chacun obéit à un principe de génération différent, la progression des écarts entre nombres successifs étant, de chaque ordre au suivant, de plus en plus rapide [2]. Nous aurons à revenir sur les implications mathématiques de la notion.

Commune aussi aux deux fragments, la distinction des trois ordres. Mais ceux-ci ne sont pas toujours conçus, de part et d'autre de la même manière. Cette réserve ne vaut pas pour le premier, celui de la " chair ", terme employé dans les deux fragments, appelé aussi celui du " corps " *(C)* ou " des corps " *(P)*. Ceux qui lui appartiennent sont les " charnels " *(C* et *P)* c'est-à-dire, comme il ressort très clairement des contextes, non pas ceux qui se laissent aller aux plaisirs charnels, mais les " riches, les rois " *(C)*, les " rois ", les " riches ", les " capitaines ", " tous ces grands de chair " *(P)*. L'identité est parfaite.

De même pour le second ordre, celui de " l'esprit " *(C)* ou " des esprits " *(P)*. Y entrent " les curieux et savants " *(C)*, " les grands génies

[1] Cf. notamment au début de l'édition Lafuma, la liasse *Ordre*.

[2] Cf. à la suite du *Traité du triangle arithmétique*, dans notre édition de Pascal, *Oeuvres complètes*, t. II, Paris, Desclée de Brouwer, 1970, pp. 1196-1214, 1300-1302, 1324-1332.

", dont le modèle est le savant Archimède, et, plus généralement, toute intelligence, en ce qu'elle inclut quelque connaissance (*P*)

Avec le troisème ordre, les divergences s'accusent. C'est d'une part, celui de la " volonté " (*C*), de l'autre, celui de la " charité " (*P*). C'est aussi celui de la " justice " (*C*), terme synonyme de celui de " sagesse ", commun aux deux fragments. Mais cette sagesse d'un côté, est toute profane et engendre l'orgueil (*C*); de l'autre, elle se confond avec la " sainteté ", elle est d'un ordre " surnaturel " (*P*).

Avant de proposer une explication de cette divergence, il est opportun de s'interroger sur d'autres. On se rappelle que dans *C* chacun des ordres est associé à l'une des trois concupiscences. Pascal s'y appuie donc sur la célèbre distinction, élaborée dans la première épître de saint Jean (II, 16), et souvent reprise par saint Augustin et ses disciples, notamment Jansénius [3]. Les charnels suivent la concupiscence de la chair, qui est « proprement la concupiscence » (*C*), si bien que le mot, dans son emploi absolu, désigne d'une façon privilégiée cette concupiscence particulière. La concupiscence des yeux n'est autre que la curiosité, le désir de savoir : son nom vient de la place que tient la vue dans toute connaissance. Quant à l'orgueil, concupiscence plus subtile et plus profonde [4], il consiste à se tenir soi-même pour le principe de sa propre vertu, à croire qu'on peut se rendre sage par le seul effort de sa volonté. Ces définitions, surtout si on les rapporte plus précisément aux analyses de Pascal, diffèrent sensiblement de celles qu'a portées la tradition augustinienne. Ce travail d'adaptation, sur lequel il faudra revenir, a peut-être été commandé par la recherche d'un modèle commun aux trois ordres et aux trois concupiscences.

On ne peut considérer cependant, même si l'on s'en tient au fragment *C*, que Pascal réduise les premiers aux secondes. Les concupiscences marquent l'exclusion de Dieu. Or le fragment affirme : « Dieu doit régner partout et tout se rapporter à lui ». C'est dire qu'il y a place pour une conversion des ordres. Chacun d'eux, en fait, est ambivalent, car il est possible d'y poursuivre deux fins, soit le monde, soit Dieu. La concupiscence est présente dans le

[3] On consultera Geneviève RODIS-LEWIS, " Les trois concupiscences ", *Écrits sur Pascal*, Fayard, 1963, pp. 81-92; et Philippe SELLIER, *Pascal et saint Augustin*, Paris, A. Colin, 1970, pp. 169-196.

[4] Dans le fragment *C*, Pascal n'emploie pas le mot concupiscence à son propos. Mais il parle assez nettement ailleurs des trois concupiscences (La. 145 – Br. 461), ou des trois formes du *libido* (La. 545 - Br. 458) pour qu'on ne puisse mettre en doute la validité du terme.

premier cas, non dans le second. Elle implique l'amour de soi ; elle a pour contraire l'amour de Dieu. Pascal insiste sur cette double finalité à propos du troisième ordre, en rappelant la parole de l'Apôtre : *Qui gloriatur, in Domino glorietur*. La sagesse orgueilleuse devient sagesse authentique lorsqu'elle se réclame uniquement de Dieu. On peut sans hésiter élargir la portée de cette remarque : il appartient aussi au corps et à l'esprit de se proposer Dieu comme fin. Ce qui conduit à opérer au sein de ces ordres le même retournement que dans le troisième : qui se propose une fin divine doit renoncer aux fins humaines. La volonté doit nécessairement intervenir pour que cette nouvelle orientation s'effectue. La conversion des ordres s'opère par la médiation de la volonté, dont la chair et l'esprit, en quelque façon, dépendent.

Dans le fragment *P*, aucun lien n'est établi entre les ordres et les concupiscences. Les ordres semblent se distinguer de par la nature des choses. Les deux premiers correspondent à des réalités profanes, ce qui n'entraîne aucune différence notable pour la définition à leur appliquer. En revanche le troisième est exclusivement religieux, " surnaturel " : l'ambivalence de cet ordre, si bien mise en évidence dans *C*, disparaît totalement. Le saut du second au troisième ordre se double d'un saut interne à ce dernier, par lequel est laissé dans l'ombre la face négative de la volonté, c'est-à-dire la charité. C'est d'ailleurs seulement avec le troisième ordre qu'est atteinte une réalité essentielle, les deux premiers ne permettant guère de s'élever au-dessus du monde des apparences.

Aussi bien ce premier élément de contraste entre les deux fragments se double-t-il d'un second. *C* propose une simple classification, dont le schéma est énoncé dès le début : « Il y a trois ordres des choses : la chair, l'esprit, la volonté ». Les ordres sont des lieux où viennent se ranger des objets, définis par des qualités communes. L'important est d'assigner à chaque objet son véritable " lieu ", de ne pas se méprendre sur l'ordre auquel il appartient. Pour reprendre l'exemple de Pascal, le sentiment de la gloire relève du troisième ordre. Se glorifier de sa fortune ou de sa science n'est pas inclus dans l'acte de posséder ou de savoir ; il y faut autre chose, qui est du ressort de la volonté et qui conduit à l'orgueil. Confirmation du rôle universel de la volonté, qui détermine l'orientation de chaque ordre, mais constitue seulement la structure du troisième.

Le fragment *P* n'insiste pas moins sur l'autonomie et la cohérence nécessaire de chaque ordre : « Il eût été inutile à Archimède de faire le prince dans ses livres de géométrie, quoiqu'il le fût ». Mais à la considération de la qualité s'y substitue très largement celle de la quantité. La notion de " grandeur" devient fondamentale, avec une signification non seulement humaine, mais mathématique. On se souvient du début : « La distance infinie des corps aux esprits figure la distance infiniment plus infinie des esprits à la charité, car elle est surnaturelle ». Ce qui peut s'exprimer par la proportion mathématique : 1/00 = 00/0000. Ainsi se traduit en nombres le double saut opéré par le passage au troisième ordre. Chair, esprit, charité, sont, non pas des concepts immobiles, mais des grandeurs continues, qui peuvent croître indéfiniment sans qu'aucune d'elles, à force d'être multipliée, puisse atteindre la suivante. On retrouve ainsi la foi fondamentale établie par Pascal pour le calcul des indivisibles : « Dans le cas d'une grandeur continue, des grandeurs d'un genre quelconque, ajoutées, en tel nombre qu'on voudra, à une grandeur d'un genre supérieur, ne l'augmentent de rien. Ainsi les points n'ajoutent rien aux lignes, les lignes aux surfaces, les surfaces aux solides ... » [5]. Un point qui n'a aucune *longueur*, une ligne et un point qui sont sans épaisseur, peuvent être indéfiniment juxtaposés à d'autres points, à d'autres lignes, à d'autres plans, sans jamais devenir respectivement ligne, plan, volume. Le point est un indivisible, par rapport à la ligne, la ligne par rapport au plan, la plan par rapport au volume. Le principe de l'indépendance, de l'incommunicabilité des ordres est ainsi établi de la manière la plus rigoureuse qui soit. Leur étagement, peu sensible dans le fragment *C*, devient parfaitement clair. Parallèlement, toute ambivalence, qui aurait introduit les contraires au sein de chaque ordre et rendu impossible cette belle progression, a été naturellement exclue.

Cette nouvelle disposition des ordres permet d'instituer entre eux, plus rigoureusement que dans *C*, une autre relation, fondée, non plus sur le contraste, mais sur l'analogie. Les grandeurs de l'ordre inférieur figurent celle de l'ordre supérieur. Le premier en particulier met en œuvre des notions concrètes, éclat, victoire, et d'abord grandeur, qui possèdent leur correspondant invisible dans les autres ; si bien que le vocabulaire du premier se trouve susceptible de s'appliquer métaphoriquement aux suivants. Autre relation d'analogie, absente de

[5] Nous reprenons ici notre traduction de l'original latin, dans notre édition citée, p. 1271. Le mot " genre ", étroitement associé par Pascal à celui d' " ordre " (cf., dans *P* : « Ce sont trois ordres différents de genre ") appartient au vocabulaire d'Euclide. Le passage d'un genre à un autre appelle le changement d'unité de mesure : ainsi le mètre pour les longueurs, le mètre carré pour les surfaces, le mètre cube pour les volumes.

C, essentielle dans *P*, celle, déjà signalée, qui peut s'exprimer par une proportion mathématique : le rapport de la chair à l'esprit figure le rapport de l'esprit à la charité. Que l'on relise avec soin l'ensemble du fragment : on y trouvera huit formulations successives de cette proportion, allant d'abord du général au particulier puis revenant du particulier au général.

Comment alors situer l'un par rapport à l'autre nos deux fragments ? Dès le départ, nous avons dû mettre en relief la signification ponctuelle de *P* et la très large portée de *C*. Il faut maintenant apporter précisions et nuances. A *C* appartiennent l'ampleur et la complexité : la structure double des ordres, notamment du troisième, permet en jouant sur l'ensemble, de tenir un principe universel de classification et de moyen d'embrasser la totalité du réel. *P* est d'un *dessein* plus pur et, par un resserrement de la perspective, vise d'avantage à atteindre l'essentiel ; donnant le pas au raisonnement sur la classification, à l'émotion sur l'analyse, il possède une force incomparable. Entre les deux fragments, aucune contradiction n'existe, mais une différence de point de vue, qui les rend complémentaires. En *C*, la quête est celle de la totalité, en *P*, celle de l'unité.

Si l'on veut user de notions plus concrètes, et envisager la genèse du thème, on sera conduit à tenir son expression la plus ample, la plus ouverte, celle de *C*, comme logiquement, et sans doute chronologiquement [6], antérieure à son resserrement, à son approfondissement, à son application particulière, dans *P*. Contrairement à ce qu'invitait à croire la différence énorme de célébrité entre les deux fragments, c'est avec *C* que le thème est véritablement posé. *P* n'est, en définitive, qu'une variation sur ce thème, qui en révèle certaines virtualités neuves, mais sans en exploiter toutes les données. L'analyse du thème reposera donc en premier lieu sur *C*, mais elle se complétera naturellement par le recours au texte, d'une élaboration plus savante de *P*.

Il n'est guère douteux que la distinction pascalienne des trois ordres n'ait été engendrée par la distinction classique des trois concupiscences. Jansénius lui-même met en rapport celle-ci avec la constitution de l'homme, qui comporte corps et âme, esprit et volonté [7]. Mais, dans

[6] C'est aussi l'avis de Philippe SELLIER, *Pascal et saint Augustin*, p. 192.

[7] *Discours de la réformation de l'homme intérieur*, trad. Arnauld d'Andilly (1644), réimprimé par G. MICHAUT, *Les Époques de la pensée de Pascal*, 2e éd., Paris, Fontemoing, 1902, App. II, pp. 193-222 ; pour la présente allusion p. 201.

son interprétation du verset primordial de saint Jean, Pascal ne suit pas rigoureusement la tradition augustinienne [8]. A la première concupiscence il attache non les plaisirs des sens, mais le besoin de posséder et de dominer. Pour lui la seconde est à l'œuvre, d'une manière essentielle, dans la science authentique, alors que pour saint Augustin et Jansénius, elle consiste souvent en une curiosité frivole, plus soucieuse d'amusement que de vérité. Quant à la troisième, les augustiniens l'identifient, pour une part, à une sorte de volonté de puissance sur les autres hommes, qui la rend très proche de la première selon la classification de Pascal. La *libido dominandi* se prolonge toutefois chez eux par la *libido excellendi*, par cette volonté d'accéder par ses propres forces à la vertu, de se faire soi-même Dieu, à laquelle le fragment réduit « l'orgueil de la vie. ». Ainsi Pascal s'attache-t-il à donner de chaque concupiscence l'idée la plus haute et comme la plus noble : à chacune d'elles correspond un certain accomplissement de l'homme, mais de l'homme sans Dieu. Il était alors aisé de passer des trois concupiscences aux trois domaines dans lesquels l'homme peut trouver son accomplissement, puisqu'il y a trois parts en son être, le corps, l'esprit, la volonté, c'est-à-dire aux trois ordres. Il était aisé aussi de doubler les trois finalités humaines par trois finalités divines, selon les perspectives ouvertes par le fragment *C*.

Mais nous n'avons pas encore expliqué comment Pascal a transformé les données bibliques et patristiques, au point de rattacher à la première concupiscence un élément constitutif de la troisième. En fait il faut distinguer. La volonté de puissance, comme toute volonté, appartient au troisième ordre ; de même l'orgueil de la domination, comme tout orgueil. Ce qui caractérise proprement le premier ordre, c'est qu'il place le bien dans la possession, qui n'est jamais que possession des corps. Mais il y a plus : Pascal a repensé la tradition à la lumière de la philosophie moderne, en s'inspirant principalement de Descartes.

On sait, en particulier que Descartes définit le corps par l'étendue. Si donc Pascal se représente les " charnels " sous la figure des rois, des riches, des capitaines, c'est parce que leur objet est la possession et la conquête, c'est-à-dire la maîtrise de l'étendue. La possession et la conquête peuvent porter sur d'autres hommes, mais elles n'atteignent

[8] Nous résumons sur ce point les analyses de Geneviève RODIS-LEWIS, art. cité. Aux textes de saint Augustin et de Jansénius invoqués dans cet article nous ajouterons ceux du même Jansénius dans le *Tetrateuchus*, Louvin, Zegers, 1639 (souvent réédité), principalement à Luc, XIV, 19 et à Matthieu, IV, 11.

en eux que l'étendue, c'est-à-dire le corps. La force ne peut pas changer les esprits, mais seulement les attitudes corporelles ; la crainte détermine un comportement non une croyance. Mais au monde des corps appartient aussi mon corps. Avec lui, nous demeurons évidemment dans le premier ordre, puisqu'il est encore caractérisé par l'étendue, qu'il est une machine étrangère en elle-même à la pensée. Mon corps fonctionne mécaniquement lorsqu'il est mû par l'habitude ou, pour employer le terme pascalien, par la " coutume ". Il en va de même lorsqu'il est gouverné par l'instinct : or l'attrait des plaisirs charnels, seul considéré par la tradition comme constitutif de la concupiscence de la chair, est une forme de l'instinct ; il peut d'ailleurs passer pour une manifestation particulière du besoin de possession. Si Pascal a défini la première concupiscence, partant le premier ordre, en s'appuyant sur ses aspects les plus élevés, son analyse ne s'en applique pas moins aux formes dégradées qui ont davantage retenu l'attention de ses prédécesseurs.

Dans sa représentation de la " concupiscence des yeux " et de l'ordre des esprits, Pascal est aussi tributaire de Descartes : la distinction radicale établie par le philosophe entre l'étendue et la pensée reflète celle des deux premiers ordres. Comme l'ordre des corps, celui des esprits sera défini au niveau le plus élevé. Quelle est pour Pascal, sa production la plus noble ? Il est significatif que ce soit la science, et d'abord le modèle de toute science la géométrie. Or la géométrie, telle que la définit Pascal, a pour objet l'espace [9], autre nom de l'étendue. On voit qu'une certaine relation s'instaure entre le second ordre et le premier. L'esprit est en premier lieu conscience du corps, manifestée en tous les hommes. « Le moindre des esprits » connaît « le firmament, les étoiles, la terre et ses royaumes » *(P)*. Il possède en outre la conscience de soi, comme le prouve l'expérience cartésienne fondamentale du *cogito*, alléguée dans les *Pensées* (La. 131 – Br. 434). La conscience s'élargit ensuite en connaissance, laquelle se conquiert par l'emploi du raisonnement géométrique, procédant des principes aux conséquences. Sur ce raisonnement modèle se calque le langage en général, dans la mesure où il est utilisé comme instrument de persuasion, c'est-à-dire comme moyen de communication entre les hommes. Dans le même ordre des esprits, Pascal range très certainement les arts, d'autant qu'ils se fondent pour lui sur l'imitation, qui suppose conscience et connaissance, saisie par l'esprit soit du corps, soit de l'esprit lui-même, soit de l'un et de l'autre. Au bas de l'échelle,

9 *Extrait d'un fragment de l'Introduction à la Géométrie*, Lafuma, p. 359.

il ne peut manquer de faire enfin place à la curiosité futile, mais sans lui accorder aucun caractère significatif.

Pour élaborer l'idée du troisième ordre, Pascal a pu encore s'inspirer de la distinction, toujours radicale, qu'établit Descartes entre l'entendement et la volonté. Mais il a davantage emprunté sur ce point à la tradition biblique et patristique, bien au-delà de la théorie des concupiscences. L'ordre de la volonté est, plus fondamentalement, celui du " cœur " *(P)*, de cette puissance d'aimer qui se tourne, soit vers les créatures, soit vers le Créateur, soit vers le moi, soit vers Dieu. Il inclut donc toute une part de l'affectivité, dans laquelle la volonté, faculté de décision, plonge ses racines.

Ainsi se définit la nature des trois ordres, telle que l'impose l'analyse des deux fragments fondamentaux, saisis dans leur rapport exact et interprétés en fonction des doctrines, anciennes ou modernes, dont on y reconnaît l'écho. La complémentarité des deux fragments et la cohérence du thème sont éclatantes.

Au-delà de la nature de chaque ordre, il nous reste à apprécier la portée de la distinction instituée par Pascal entre les uns et les autres, à établir le statut de cette distinction. Il convient de la considérer sous plusieurs angles.

Elle comporte d'abord un aspect anthropologique. Elle repose sur la division de l 'homme en trois éléments constitutifs, le corps, l'esprit, la volonté, entendus dans les sens précédemment définis. Leur somme épuise la totalité de l'être humain.

Mais elle comporte aussi, et ce point essentiel n'a pas été suffisament mis en lumière, un aspect ontologique. Le corps, l'esprit, la volonté ne sont pas seulement des parties de l'homme, ces réalités existent en soi, pourvues de propriétés autonomes. Le corps, on l'a vu, se caractérise par l'étendue ; il est un autre nom de la matière ; il est susceptible de mouvement, mais sous une impulsion extérieure. L'esprit est le domaine de la pensée irréductible à la matière. Quant à la volonté, principe d'action comme l'esprit est principe de connaissance, elle représente la face dynamique de l'être, elle est d'elle-même source de mouvement. Peut-être pourrait-on en termes modernes, désigner cet aspect des choses par le terme d'intentionnalité.

Selon cette composante ontologique, la distinction des ordres révèle le mieux toute sa profondeur. C'est l'être du corps qui est inassimilable à celui de l'esprit, et celui de l'esprit qui demeure radicalement étranger à celui de la volonté. On ne produit pas la pensée par accumulation d'étendue, ni amour par accumulation de pensée.

Que, dans la vie humaine, le corps puisse perturber l'exercice de l'esprit est l'évidence même : l'esprit n'en est pas moins d'une autre essence que le corps. Que l'intelligence puisse éclairer l'amour n'empêche pas que la capacité d'aimer ne soit d'une autre nature que la capacité de connaître. En revanche l'ordre supérieur a prise sur l'ordre inférieur, soit par la connaissance, soit par l'action.

Au statut anthropologique, au statut ontologique, il faut ajouter un statut axiologique. Autrement dit, les ordres ne se définissent pas seulement comme lieux des réalités, mais comme lieux de valeurs. Chacun d'eux se caractérise par la poursuite d'un " objet " *(C)*, d'un bien, d'une fin ; les " grandeurs " *(P)* qui le constituent répondent à une certaine norme et se calculent en fonction d'une certaine unité de référence. Corps, esprit, volonté, sont à la fois, sujet et objet, moyen et fin, réalité et norme. Rappelons aussi que, pour chaque ordre, en particulier pour celui de la volonté, la fin est double, selon qu'elle se situe dans le champ de l'humain ou qu'elle est à chercher dans la transcendance.

Toutes ces analyses étaient nécessaires pour montrer à la fois la complexité et la cohérence du thème des ordres. De ce commentaire conjoint des fragments *P* et *C*, on retiendra que la pureté thématique de *P* est seconde par rapport à la richesse foisonnante de *C*, et qu'il faut s'appuyer sur ce dernier fragment, véritable porteur du thème, pour conduire l'enquête dans l'ensemble des *Pensées* et y chercher d'autres expressions, moins décelables du même thème.

*
* *

Pour orienter cette seconde partie de notre étude, nous partirons de l'idée, maintenant bien établie, que nous avons affaire à un thème-Protée, ouvert à toutes les transformations, susceptible de multiples prolongements. Il serait vain d'espérer le retrouver toujours sous une forme complète et dans la totalité de ses implications. Ce sont des éléments que nous pourrons en reconnaître le plus souvent, soit ébauches, soit variations partielles. A montrer leur appartenance au thème, nous nous mettrons en mesure, non seulement de saisir l'extension de celui-ci, mais aussi de mieux interpréter chacun des textes dont le caractère de variation aura été mis en évidence.

Notre attention peut d'abord se porter sur l'emploi du thème " ordre ", entendu évidemment au sens pascalien.

On se doit de faire place, en premier lieu, à un écrit bien antérieur aux *Pensées,* la fameuse *Lettre à Christine de Suède* de juin 1652. La notion y est déjà parfaitement élaborée. Mettant en parallèle la " puissance " et la " connaissance ", dont la savante reine de Suède réalise en sa personne l'union merveilleuse, Pascal déclare que les détenteurs de l'une et de l'autre peuvent également " passer pour des souverains ". Le " droit de commander " qu'exercent les rois est une image du " droit de persuader " que possèdent les " génies ". D'où la phrase capitale : « Ce second empire me paraît même d'un ordre d'autant plus élevé que les esprits sont d'un ordre plus élevé que les corps » [10]. Si la connaissance s'identifie ainsi au pouvoir de persuader, c'est, entre autres raisons, parce que la science se reconnaît pour Pascal à ce qu'elle s'impose à tous les esprits. Mais le rapport explicitement établi entre science et rhétorique constitue peut-être l'intérêt majeur de cette importante variation sur le thème.

Parmi les *Pensées,* on songe au fragment si original sur la " tyrannie ", définie comme « désir de domination, universel et hors de son ordre » (La. 58 – Br. 322). Il est tyrannique, c'est-à-dire illégitime, en termes de valeur, non pertinent, en termes de logique, de dire, par exemple : « je suis beau, donc on doit me craindre ; je suis fort, donc on doit m'aimer », ou bien : « Il n'est pas fort, donc je ne l'estimerai pas ; il n'est pas habile, donc je ne le craindrai pas » *(ibid).* En fait, les " devoirs " à rendre doivent être en cohérence avec les " mérites " qui les requièrent : « devoir d'amour à l'agrément, devoir de crainte à force, devoir de créance à la science » *(ibid).*Cette série d'exemples se modèle sur la distinction des trois ordres : la force produisant la crainte, appartient à l'ordre des corps ; la " science ", l' " habileté ", produisant la " créance ", c'est-à-dire l'adhésion, et l' " estime " pour celui qui la procure, à l'ordre des esprits; la " beauté ", l' " agrément ", produisant l'amour à l'ordre de la volonté. L' " empire " dont parle la *Lettre à Christine de Suède* devient tyrannie par confusion des ordres, par transgression de leurs limites.

Un autre fragment (La. 298 – Br. 283) comporte une précieuse donnée nouvelle, du fait que le mot " ordre " y est employé en ses deux sens superposés : le premier, plus apparent, celui d'ordonnance, de disposition ; le second, celui, proprement pascalien, de catégorie

10 Cf. notre édition de Pascal, *Œuvres complètes,* t. II, p. 924.

autonome. On y lit dès le début : « Le cœur a son ordre. L'esprit a le sien, qui est par principe et démonstration. On ne prouve pas qu'on doit être aimé en exposant d'ordre les causes de l'amour : ce serait ridicule ». Ridicule et, pourrait-on ajouter, " tyrannique ". La remarque est particulièrement appliquée au langage de la Bible : « Jésus-Christ, saint Paul ont l'ordre de la charité, non de l'esprit, car ils voulaient échauffer, non instruire ». Pour limiter le commentaire de ce fragment très riche à ce qui intéresse notre sujet, nous observerons que les deux côtés envisagés sont deux des trois ordres bien connus : celui de l'esprit et celui du " cœur ", c'est-à-dire celui de l'amour, entendu en son sens profane comme au sens sacré de charité. Nous retiendrons aussi qu'à chaque ordre correspond un langage propre, défini par la disposition – autre variété d'ordre – qu'il adopte. Voilà encore une manière de poser le rapport entre la fin et les moyens.

La notion d'ordre reparaît donc à plusieurs reprises, dans les *Pensées* et hors des *Pensées*, en s'enrichissant de quelques nouveaux aspects, mais au fond sans changement. Quant à la nature et à l'organisation des trois ordres, elles demeurent toujours essentiellement les mêmes. Mais Pascal ne les envisage pas nécessairement tous les trois à la fois. Il lui arrive d'en évoquer seulement deux. Cette remarque peut guider notre enquête à travers les fragments où le terme " ordre " manque, mais où la réalité qu'il désigne n'en est pas moins perceptible. Nous distinguerons des structures à deux ordres et d'autres où les trois ordres, d'une façon plus ou moins claire, apparaissent concurremment.

Les structures binaires possibles sont au nombre de trois : corps / esprit, esprit / volonté, corps / volonté.

L'ordre des corps et celui des esprits sont mis en parallèle d'une façon remarquable dans le grand fragment *Disproportion de l'homme* (La. 199 – Br. 72). La première partie s'attache à faire percevoir l'infiniment grand et l'infiniment petit dans le domaine de la matière ; la seconde dans le domaine de l'esprit, où l'infiniment petit est représenté par les principes du raisonnement et l'infiniment grand par la totalité des conséquences qui en découlent. Une troisième partie souligne l'hétérogénéité radicales des deux domaines en montrant la difficulté de concevoir l'union d'un corps et d'un esprit. Mais ce qui ressort principalement, c'est l'analogie de structure entre les deux ordres et le fait que le premier soit comme une image du second. Ce rapport de figurant à figuré entre un ordre et l'ordre supérieur est, comme on l'a vu, caractéristique de *P*.

Voisin, dans la *Copie*, de *Disproportion de l'homme*, le fragment sur le roseau pensant opère, plus nettement encore, la même coupure entre les corps et les esprits : « ... Quand l'univers l'écraserait, l'homme serait encore plus noble que ce qui le tue, puisqu'il sait qu'il meurt et l'avantage que l'univers a sur lui. L'univers n'en sait rien » (La. 200 – Br. 347 ; cf. La. 113 – Br. 348). L'esprit connaît l'univers, même quand il en est écrasé, mais l'univers ne connaîtra jamais l'esprit, non plus que lui-même. La conclusion assez énigmatique du fragment : « Travaillons donc à bien penser : voilà le principe de la morale », peut alors s'interpréter : « Travaillons à dégager l'esprit de l'emprise du corps ». C'est en effet une idée familière à Pascal et qui ne contredit nullement la distinction, essentiellement ontologique, des ordres, que le corps modèle l'esprit et lui impose, par le jeu de l'habitude, des conditionnements qui nuisent à son bon exercice. L'argument du pari (La. 418 – Br. 233) se fonde pour beaucoup sur la prise en compte de cette situation définie ailleurs : « ... Nous sommes automate autant qu'esprit ... Les preuves ne convainquent que l'esprit ; la coutume fait nos preuves les plus fortes et les plus crues. Elle incline l'automate, qui entraîne l'esprit sans qu'il y pense » (La. 821 – Br. 252). L'homme, «visiblement fait pour penser», subit la tentation du divertissement, qui est, comme on le verra, refus de penser et absorption dans l'ordre des corps (La. 620 - Br. 146). La représentation du corps comme machine amène à considérer le rapport entre l'homme et l'animal comme une application particulière de la distinction des deux premiers ordres. L'animal, selon la théorie cartésienne à laquelle Pascal se rallie très largement, n'est qu'un corps associé peut-être à une volonté (La. 741 – Br. 340), mais purement instinctive, c'est-à-dire corporelle : il ne possède pas l'esprit. L'homme est un animal doué de pensée : « ...Je ne puis concevoir l'homme sans pensée. Ce serait une pierre ou une brute » (La. 111 – Br. 339). " Pierre " et " brute " désignent deux aspects du monde des corps, le minéral et l'animal. Le végétal n'est pas loin : « La grandeur de l'homme est grande en ce qu'il se connaît misérable; un arbre ne se connaît pas misérable » (La. 114 – Br. 397).

Mais une idée nouvelle est apparue dans ce dernier fragment : se connaître, c'est se connaître misérable, c'est manifester sa grandeur. Le thème capital " misère et grandeur de l'homme " peut s'inclure entièrement dans le rapport des deux premiers ordres. Être malheureux, c'est, à peu de choses près, se penser comme corps : « Ce qui est nature aux animaux, nous l'appelons misère en l'homme » (La. 117 – Br. 409). C'est, plus précisément, prendre conscience des servitudes auxquelles l'homme est soumis et qui s'inscrivent dans sa nature corporelle ou s'expriment en termes d'étendue. Quant à la grandeur, elle n'est rien de plus que la conscience de la misère, laquelle déjà n'existe pas sans conscience. Misère et grandeur suppose le second ordre, mais la grandeur signifie le triomphe du second sur le premier.

Comme le corps et l'esprit, l'esprit et la volonté sont souvent saisis par l'auteur des *Pensées* dans leur relation particulière. Parfois sous forme de simple parallèle : « L'esprit croit naturellement et la volonté aime naturellement, de sorte qu'à faute des vrais objets il faut qu'ils s'attachent aux faux » (La. 661 – Br. 81). L'analogie de l'un à l'autre n'empêche pas leur distinction radicale. La même distinction est implicitement posée dans le texte fameux : « Le cœur a ses raisons que la raison ne connaît pas ... Est-ce par raison que vous vous aimez » (La. 423 – Br. 277). On lit encore dans le même fragment : « Le cœur aime l'être universel naturellement et soi-même naturellement » : c'est sous une nouvelle forme, l'affirmation de l'ambivalence du troisième ordre, si nettement mise en évidence dans *C*. Lorsqu'il expose sa méthode, l'apologiste est conduit à opérer constamment la distinction des deux derniers ordres : « Voilà ce que c'est que la foi : Dieu sensible au cœur, non à la raison » (La. 424 – Br. 278) ; « Qu'il y a loin de la connaissance de Dieu à l'aimer » (La. 377 – Br. 280) : il y a, peut-on préciser, une distance infinie. « La conduite de Dieu ... est de mettre la religion dans l'esprit par les raisons et dans le cœur par la grâce » (La. 172 – Br. 185) : la grâce, source de la charité. Ou encore : « Dieu veut plus disposer la volonté que l'esprit ; la clarté parfaite servirait à l'esprit et nuirait à la volonté » (La. 234 – Br. 581). Ce sont encore les deux derniers ordres qu'oppose la grande distinction du *Mémorial :* « Dieu d'Abraham, Dieu d'Isaac, Dieu de Jacob, non des philosophes et des savants ».

Ailleurs, le premier ordre est directement opposé au troisième. Sur ce point, la relation s'établit de nouveau entre les ordres et les concupiscences : « Vos maladies principales sont l'orgueil, qui vous soustrait de Dieu, la concupiscence, qui vous attache à la terre » (La. 149 – Br. 430). Par la troisième concupiscence, l'homme se fait l'égal de Dieu et montre sa " superbe ". Par la première, qui est concupiscence au sens absolu du terme, il se rabaisse au rang des animaux, dont la nature se réduit au corps. L'idée est à peu près la même dans l'affirmation : « Les deux sources de nos péchés sont l'orgueil et la paresse ... » (La. 774 – Br. 497), où se trouve reprise la distinction fondamentale entre Épictète et Montaigne dans le célèbre *Entretien* [11].

Mais le troisième ordre est aussi celui de la charité. En ce sens, l'attitude religieuse authentique, située dans le troisième ordre, s'oppose à des formes dégradées, que caractérise leur insertion dans le premier. D'où la distinction des « deux sortes d'homme en chaque religion », les uns " charnels ", les autres " spirituels " (La. 286 – Br. 609). Les " Juifs charnels " attendent un Messie qu'ils se représentent comme " un grand prince temporel ", c'est-à-dire situé dans le premier ordre. Les " chrétiens charnels " croient que Jésus-Christ « est venu nous dispenser d'aimer Dieu, et nous donner des sacrements qui opèrent tout sans nous », c'est-à-dire qu'ils s'en tiennent au rite matériel, qui est du ressort de l'étendue. « Les vrais Juifs et les vrais chrétiens ont toujours attendu un Messie qui les ferait aimer Dieu », c'est-à-dire qui les établirait dans le troisième ordre (La. 287 – Br. 607).

Achevons toutefois la phrase précédemment citée : « ... un Messie qui les ferait aimer Dieu et, par cet amour, triompher de leurs ennemis ». Ce dernier terme est encore susceptible d'un double sens, l'un charnel, qui s'applique à l'ordre temporel et au cas de la guerre : il désigne, en fait, les ennemis d'Israël ; l'autre spirituel, où il vise les véritables ennemis de l'homme, qui sont d'ordre moral : le péché (La. 269 – Br. 692), les passions (La. 260 – Br. 678). Le mot employé dans les textes prophétiques, celui d' " ennemis ", comporte donc ambiguïté; il exige interprétation. Qu'est-ce qui peut interpréter sinon l'esprit ? Le second ordre n'est donc pas absent de cette opposition du premier au troisième. Mais l'acte de connaissance qu'il opère est subordonné à la bonne disposition de la volonté. Le fonctionnement de l'esprit peut être, comme on l'a vu, perturbé par l'invasion du premier ordre, qui impose tyranniquement ses habitudes ; il peut l'être aussi par des préjugés émanant du troisième ordre : l'amour de soi l'empêche de voir une vérité vers laquelle seul l'amour de Dieu peut l'orienter. Dans le fragment *P*, " charnel " et " spirituel " s'opposent comme le premier ordre et le second. Mais c'est là cas exceptionnel. Dans les textes que nous venons de commenter, ils s'opposent comme le premier et le troisième. En fait, la différence n'est pas aussi absolue. " Spirituel " s'applique à la fois au

[11] Nous nous écartons ici de l'interprétation de Philippe SELLIER, *Pascal et saint Augustin*, p. 186.

second et au troisième ordre, l'acte de connaissance et l'acte de volonté étant impliqués simultanément (La. 502 – Br. 571).

Dès lors, c'est à une confrontation du premier ordre et des deux autres, mais avec subordination du second au troisième, que nous assistons souvent dans la partie proprement religieuse des *Pensées*. Au couple charnel / spirituel répondent beaucoup d'autres : lettre / esprit (La. 219 – Br. 251), figurant / figuré (La. 270 – Br. 670), visible / invisible (La. 275 – Br. 643), nature / grâce (*ibid.*), extérieur / intérieur (La. 219 – Br. 251), circoncision du corps / circoncision du cœur (La. 270 – Br. 670). Partout se retrouvent la discontinuité des ordres, leur disposition hiérarchique et les analogies de structure qui permettent de faire figurer l'ordre supérieur par l'ordre inférieur.

L'ordre inférieur perd-il pour autant consistance et authenticité ? Une réponse complète à cette question exigerait une enquête étrangère à notre propos. Mais en principe, l'homme tout entier est engagé dans l'acte religieux ; son corps, son esprit, sa volonté doivent s'édifier sur la négation du corps : « C'est être superstitieux de mettre son espérance dans les formalités, mais c'est être superbe de ne pas vouloir s'y soumettre » (La. 364 – Br. 249). La lettre et l'esprit, l'extérieur et l'intérieur, les formalités et la piété, le rite et la grâce (La. 219 – Br. 251, La. 181 – Br. 255) sont à la fois nécessaires, car la condition de l'homme n'est pas moins corporelle que spirituelle. Une piété sans formalités ne fait qu'ouvrir la voie à l'orgueil : de même, la prétention d'atteindre Dieu sans passer par le Médiateur Jésus-Christ, qui est Dieu, mais aussi homme par l'incarnation, c'est-à-dire « Dieu et notre misère » (La. 192 – Br. 527). Si le corporel ne peut avoir sa fin en lui-même, Dieu ne s'en fait pas moins connaître par le langage des choses corporelles : « Les miracles et la vérité sont necessaires à cause qu'il faut convaincre l'homme entier en corps et en âme » (La. 848 – Br. 806). Pour résumer le tout, « L'homme n'est ni ange ni bête, et la malheur veut que qui veut faire l'ange fait la bête » (La. 678 - Br. 358).

Dans tous ces exemples, le second ordre est quelque peu occulté par le troisième. Mais il est possible, plus souvent qu'on ne pourrait le croire, de repérer dans les *Pensées* la présence bien distincte des trois ordres. On la découvre d'abord sous forme négative par l'évocation des trois concupiscences. Celles-ci sont notamment comparées aux fleuves de Babylone, dont l'écoulement incessant, image des " choses périssables ", contraste avec la solidité du bien véritable symbolisé par la Jérusalem céleste (La. 545 – Br. 458; cf La. 918 – Br. 459). Plus essentiel à notre propos est un fragment d'interprétation malaisée : « Les trois concupiscences ont fait trois sectes et les philosophes n'ont fait autre chose que suivre une des trois concupiscences » (La. 145 – Br. 461). Il n'y a aucune difficulté à nommer les philosophes qui ont pour objet le corps : ce sont les épicuriens ; ni ceux qui, poursuivant une sagesse profane, tombent dans l'orgueil : ce sont les stoïciens. Mais quels sont ceux qui pourraient être définis comme " curieux et savants " *(C)* et relèvent de la concupiscence des yeux ? Plusieurs hypothèses ont été avancées, appuyées, comme il était de bonne méthode, sur les textes de la tradition augustinienne relatifs aux diverses concupiscences. Geneviève Rodis-Lewis songe aux péripatéticiens et aux nouveaux académiciens [12]; Philippe Sellier aux présocratiques [13]. A chacune des concupiscences serait ainsi associée une philosophie de l'antiquité.

Mais était-il nécessaire de remonter aussi haut ? L'auteur des *Pensées*, qui s'attaque aux épicuriens et aux stoïciens, porte aussi volontiers des coups contre un de ses contemporains, dont la quête de savoir paraît bien répondre à ce qu'il appelle " concupiscence des yeux " : « Écrire contre ceux qui approfondissent trop les sciences : Descartes » (La. 553 – Br. 76). Si Descartes est " inutile "(La. 887 – Br. 78), n'est-ce pas parce que son œuvre est le fruit d'une vaine " curiosité " ? Le " Dieu des philosophes et des savants ", dont on ne saurait attendre le salut, n'est-il pas celui de Descartes ? Le savoir se prenant lui-même pour fin, n'est-ce pas la définition de la deuxième concupiscence ?

Ce commentaire s'étend aisément à un passage relatif au Souverain Bien : « Les uns le cherchent dans l'autorité, les autres dans les curiosités et dans les sciences, les autres dans les voluptés » (La. 148 – Br. 425). Il est remarquable qu'en cette phrase, Pascal semble en rester à la conception traditionnelle des concupiscences. L'emploi du terme " autorité ", pour désigner la concupiscence du troisième ordre, rappelle que, selon cette conception, l'autorité qu'exercent les rois et les riches était tenue pour une des formes de l'orgueil. On peut toutefois admettre qu'au moment où il rédigeait ce fragment, Pascal avait déjà élaboré sa théorie originale, et que l'autorité dont il parle est celle que chacun peut exercer sur lui-même, la maîtrise de soi.

Parallèlement, on citera encore un passage souvent rattaché au *Mystère de Jésus :* « Je vois mon abîme d'orgueil, de curiosité, de concupiscence » (La. 919 – Br. 553), où la concupiscence, au sens

12 RODIS-LEWIS, " Les trois concupiscences ", pp. 91-92.

13 SELLIER, *Pascal et saint augustin,* pp. 190-91.

absolu, est naturellement celle du premier ordre. On voit ailleurs les représentants des trois concupiscences se liguer contre Jésus : « Tout ce qu'il y a de grand sur la terre s'unit : les savants, les sages, les rois (La. 433 – Br. 783) . La permanence du thème sous sa forme négative est éclatante.

Mais l'ambivalence des ordres fait que, si chacun d'eux est le siège d'une concupiscence, des forces s'y déploient, propres à mettre en échec les concupiscences. Ainsi s'explique cette image de l'homme en quête de la vérité : « Je voudrais bien qu'il haït en soi la concupiscence qui le détermine d'elle-même, afin qu'elle ne l'aveuglât point pour faire son choix, et qu'elle ne l'arrêtât point pour faire son choix, et qu'elle ne l'arrêtât point quand il aura choisi » (La. 119 – Br. 423). La " concupiscence " sans autre précision, se rattache encore ici au premier ordre : elle désigne l'ensemble des instincts de la chair. Elle peut empêcher le sain exercice des facultés du second ordre en nuisant à la clarté de l'esprit. Elle peut aussi s'opposer à l'exécution des choix définis, c'est-à-dire à l'accession au troisième ordre, au passage de la connaissance à l'amour et à l'action. Selon la perspective de ce fragment, la corruption du premier ordre est susceptible de contaminer les deux autres ; c'est donc en lui que doit s'opérer la conversion qui rendra possible le cheminement vers la vérité.

Tout à fait séparé de l'évocation des concupiscences, le thème des trois ordres reparaît sous une forme positive lorsque Pascal définit les conditions de la croyance : Il y a trois moyens de croire : la raison, la coutume, l'inspiration, qui l'établit dans l'ordre de la charité. Mais elle inclut la raison, qui appréhende des preuves dont l'éfficacité est réelle : la place est ainsi marquée pour l'ordre de l'esprit. Si la coutume a aussi son rôle à jouer, c'est que le corps, par le biais des habitudes, doit en quelque sorte assimiler la croyance, sinon il fera dévier la raison et la volonté. La volonté saine a besoin de s'enraciner dans la raison et dans le corps.

A partir de ce fragment très explicite, d'autres s'éclairent. Ainsi Pascal distingue-t-il soigneusement la foi et la preuve, la première de l'ordre de la charité, la seconde de l'ordre de l'esprit. Mais dans le même fragment (La. 7 – Br. 248), il mentionne " la machine ", c'est-à-dire le corps : il entendait donc faire place aussi au premier ordre, conformément aux analyses plus complètes présentées ailleurs.

Autre texte significatif, celui qui caractérise la condition chrétienne : « Nul n'est heureux comme un vrai chrétien, ni raisonnable, ni vertueux, ni aimable » (La. 357 – Br. 541). " Heureux " se rattache aisément à l'ordre de la volonté. La présence du thème est ici quasi souterraine : signe qu'il s'impose de lui-même à l'esprit de Pascal.

Comme le montrent tous ces exemples, la progression chair – esprit – volonté n'y est pas toujours observée. Parfois c'est l'ordre inverse qui est suivi, parfois des interversions sont pratiquées. On ne peut s'en étonner dès lors qu'est admis le caractère fondamental du fragment *C*, dans lequel la distinction des catégories importe plus que leur étagement. Mais les interversions les plus surprenantes n'empêchent pas de reconnaître les trois domaines caractéristiques et leur hiérarchie subsiste presque toujours implicitement. Sous la variété du vocabulaire et la diversité des perspectives se retrouvent ainsi une unité, une permanence qui définissent proprement un thème, non seulement au sens vague que retient le plus souvent le critique littéraire, mais au sens plus technique qui a cours en musique. A quoi s'ajoute un élément de profondeur tenant au fait que le thème n'appartient pas seulement à la logique du discours, mais qu'il répond à une vision organique de l'homme et du monde.

*
* *

Essayons maintenant de nous élever au-dessus du détail des fragments, des allusions plus ou moins transparentes, pour chercher dans le thème des ordres un principe général d'interprétation des *Pensées* et, notamment, un moyen de rendre compte de leur classement, tel qu'il a été établi par Pascal et transmis par la *Copie*. L'entreprise prend alors un caractère plus hardi. Mais puisque la distinction des ordres nous est apparue comme une véritable structure de la pensée de Pascal, il est naturel qu'elle se reflète au-delà des fragments particuliers, dans des ensembles sur lesquels sa présence reconnue est susceptible de projeter une lumière nouvelle.

On montrera d'abord que certaines grandes notions des *Pensées* peuvent être mieux comprises si elles ont été situées par rapport au thème des ordres, qui les sous-tend implicitement : l'occasion nous a déjà été donnée d'en fournir la preuve à propos de " misère et grandeur de l'homme ".

Prenons le cas de l'amour-propre. Pascal lui-même nous met sur la voie lorsqu'il accuse celui « qui ne hait en soi son amour-propre et cet instinct qui le porte à se faire Dieu … » (La. 617 – Br. 492). L'amour-propre ainsi défini correspond exactement à la troisième concupiscence, celle qui pousse à chercher la sagesse hors de Dieu et à se faire Dieu soi-même. Le grand fragment sur l'amour-propre (La. 978 – Br. 100) met l'accent sur le trouble apporté par ce mauvais penchant, qui détourne de l'exacte connaissance et fonde les rapports sociaux sur la tromperie perturbant ainsi l'exercice du second ordre. Mais l'amour- propre demeure fondamentalement un amour et, comme tel, il appartient toujours au troisième ordre.

Plus délicate l'interprétation appelée par la notion d'imagination. Il est exclu qu'elle se situe dans le troisième ordre, mais on pourrait hésiter entre le premier et le second. L'esprit qui cherche la vérité, même lorsqu'il se trompe, demeure esprit. Mais le propre de l'imagination est de n'avoir aucune prise sur la vérité (La. 44 – Br. 82). Cette " puissance trompeuse " domine la raison de la même manière que la coutume ; elle « a établi dans l'homme une seconde nature » : c'est-à-dire qu'elle s'inscrit dans le corps. Si elle singe la raison, en la détournant de sa fin, c'est en vertu du principe d'analogie entre les ordres. Les images par lesquelles Pascal en exprime l'effet la présentent toujours comme laissant une trace matérielle, propre à obséder la raison comme trace de l'habitude : « Elle ne donne aucune *marque* de sa qualité, *marquant* du même *caractère* le vrai et le faux ». « Les *impression*s anciennes ne sont pas seules capables de nous abuser ... ». C'est en recourant à elle qu'on explique telle « fausse *impression*, soit de l'instruction, soit des sens ». A propos du vide, l'enseignement de l'école « a corrompu notre sens commun, qui le comprenait si nettement avant cette mauvaise *impression*, qu'il faut corriger en recourant à notre première nature ». Si le magistrat au sermon se laisse emporter par l'imagination, c'est parce qu'il prête attention au corps disgrâcieux du prédicateur, et non aux « grandes vérités qu'il annonce » dans l'ordre de l'esprit. « Le ton de la voix ... change un discours ou un poème de force ». Les magistrats, qui ne peuvent établir leur justice dans l'ordre de la vérité, s'impose partout un " appareil auguste " qui les ravale à l'ordre des corps. En revanche, le roi, qui dispose de la force, n'a pas besoin de ces déguisements. La force appartient incontestablement à l'ordre des corps. D'où vient alors la différence avec l'imagination ? Elle est peut-être moins grande qu'on ne le pense. La coutume, l'opinion , l'imagination agissent plus doucement, plus lentement que la force, mais en définitive, de la même manière par " impression ". Les « quarante mille janissaires » qui environnent « le Grand Seigneur, dans son superbe sérail, » manifestent une force, mais ils frappent aussi l'imagination. De sorte que l'imagination peut prendre le relais de la force : « La coutume de voir les rois accompagnés de gardes, de tambours, d'officiers et de toutes choses qui ploient la machine vers le respect et la terreur fait que leur visage, quand il est quelquefois seul et sans ces accompagnements, imprime dans leurs sujets le respect et la terreur, parce qu'on ne sépare point dans la pensée leurs personnes d'avec leurs suites qu'on y voit d'ordinaire jointes » (La. 25 – Br. 308). La reprise du verbe " imprimer " souligne la parenté entre l'action de la coutume et celle de l'imagination.

Avec la notion de " raison des effets ", plusieurs ordres entrent en jeu. D'abord celui des corps. L' " effet ", au sens pascalien du terme, consiste toujours en un certain comportement humain régi par la coutume. Ainsi « Le peuple honore les personnes de grande naissance » (La. 90 – Br. 337). Attitude instinctive, non réfléchie, quasi inconsciente, toute corporelle. On accède à l'ordre des esprits en s'interrogeant sur la " raison de cet effet " (La. 577 – Br. 234). Plus précisément l'esprit parcourt plusieurs étapes. Il prend alors conscience de l' " effet " : il surmonte l'aveuglement du corps et voit l'effet comme effet, c'est-à-dire comme un simple fait de coutume, dépourvu de nécessité (*ibid.*). C'est ensuite qu'il lui appartient d'en chercher la " raison ". Il peut alors opérer deux démarches successives, en rapport avec un progrès vers la " lumière ". Les " demi-habiles " prennent le contrepied de l'attitude du peuple, « disant que la naissance n'est pas un avantage de la personne mais du hasard ». Ils ont raison, mais jusqu'à un certain point. Les " habiles " en reviennent au comportement du peuple. Ils " honorent " les personnes de grande naissance, mais par la pensée de derrière » (La. 90 – Br. 337). En effet, « il est vrai qu'il faut honorer les gentilshommes, mais non pas parce que la naissance est un avantage effectif » (La. 92 – Br. 335), bien plutôt parce que l'ordre social est respectable en soi, comme garantie de la paix civile. Au-dessus des " demi-habiles " et des " habiles ", Pascal place les " dévots " et les " chrétiens parfaits ", qui prennent en considération – par l'esprit car nous demeurons ici sur le plan de la connaissance – imparfaitement pour les premiers, parfaitement pour les seconds, l'ordre de la charité (La. 90 – Br. 337). Ainsi la " gradation " (*ibid.*) qui se développe sur le thème de la " raison des effets " reflète-t-elle, d'une manière complexe, mais rigoureuse, la distinction des trois ordres.

Dans la même perspective nous pourrions envisager la notion *fondamentale* de " cœur ". Au sens propre le terme s'applique à une réalité du premier ordre. Il lui appartient encore en ce qu'il est un instinct, celui qui se manifeste dans la première concupiscence. Mais le mot a aussi sa place dans l'ordre des esprits. Il est faculté des " principes " (La. 155 – Br. 201 ; La. 110 – Br. 282). C'est par lui que nous savons qu'il y a temps, espace, mouvement. « Le cœur sent qu'il y a trois dimensions dans l'espace » (La. 110 – Br. 282). Mais, sous cette forme, l'esprit demeure la conscience du corps. Les principes consistent en une intuition fondamentale portant sur la structure du monde matériel : « Notre âme est jetée dans le corps, où elle trouve nombre, temps, dimensions ... » (La. 418 – Br. 233). Le raisonnement quoiqu'il prenne appui sur les données du cœur, constitue un tout autre aspect de l'activité de l'esprit. Le cœur enfin trouve sa place essentielle dans le troisième ordre : c'est lui qui meut la volonté, soit en l'entraînant vers l'orgueil, soit en l'inclinant à la charité. Donc si l'ordre du " cœur " (La. 298 - Br. 283) s'identifie principalement avec le troisième, la notion de " cœur ", qui désigne le fond de l'être, couvre en fait, la totalité des ordres.

Ces analyses pourraient s'étendre à d'autres notions. Nous arriverions toujours au même résultat. Il n'est pas de thèmes des *Pensées* qui ne puissent s'insérer dans celui des trois ordres et dont la compréhension ne gagne au rapport ainsi établi.

Puisque la distinction des ordres s'imposent si fortement à l'esprit de Pascal, il est naturel de l'invoquer, au moins en certain cas, pour expliquer la succession des liasses qui forment la première partie de la *Copie*. Quelques exemples permettront d'apprécier la validité de cette recherche.

Envisageons d'abord la *séquence* constituée par les deux chapitres *Raisons des effets* et *Grandeur :* il nous suffit de prolonger la réflexion précédemment menée sur la notion de " raison des effets ". Pol Ernst a bien montré la continuité qui existe entre ces deux chapitres, le premier amorçant déjà le thème qui sera développé dans le suivant [14]. Nous ajouterons que l'un et l'autre font découvrir la puissance de l'esprit maîtrisant le corps. Mais, dans le premier, l'esprit se trouve conduit à céder au corps ; dans le second, il s'affirme hautement comme autonome.

Le premier avait été primitivement intitulé *Opinions du peuple saines*. Or, comme on l'a vu, le peuple croit à la légitimité de l'ordre établi, inscrit dans la nécessité de la coutume. Une réflexion poussée jusqu'à son terme, dépassant la critique irréaliste des " demi-habiles ",

14 *Approches pascaliennes,* Gembloux, Duculot, 1970, pp. 121, 123-124.

aboutit à la conclusion qu'il n'est d'autre ordre social que celui auquel adhère le peuple, celui qui s'enracine dans l'ordre des corps : la justice ne peut être qu'un autre nom de la force. « La concupiscence et la force sont les sources de toutes nos actions. La concupiscence fait les volontaires, la force les involontaires » (La. 97 – Br. 334). Concupiscence et force sont deux éléments de l'ordre des corps : l'édifice social ne trouve solidité que s'il repose sur elles. Amorce du thème de la grandeur de l'homme, parce que l'esprit, même en se démettant, joue son rôle. Si l'ordre social est sans valeur, il n'en est pas moins légitimé par une apparence de valeur : ce qui est force se pare du nom de justice.

Sous le titre *Grandeur*, la pensée se saisit au contraire comme indépendante du corps, et même comme refusant le corps. C'est là notamment que Pascal oppose l'homme et l'animal, le second, simple corps gouverné par l'instinct, le premier contestant sa nature, par un acte qui prouve à la fois sa " misère " et sa " grandeur ", et dans lequel il s'affirme souverainement comme esprit.

Le troisième ordre n'a pas lieu d'apparaître dans cette séquence puisque le problème de la connaissance y est seul posé. Pourtant, dans le chapitre suivant, *Contrariétés*, la solution religieuse aux apories dégagées par l'analyse de la condition humaine est esquissée, si bien que le troisième ordre s'y dessine en filigrane.

Ce troisième ordre ne peut manquer d'apparaître lorsque l'objet à définir n'est plus la nature de l'homme, mais le Souverain Bien. C'est, croyons-nous, à ce dernier problème que Pascal s'attaque dans la séquence *Divertissement, Philosophes, Le Souverain Bien*. Il nous paraît évident que le premier de ces chapitres nous tient dans l'ordre des corps. Qu'est-ce, en effet, que le divertissement, sinon le refus de penser ? Car penser serait penser sa misère. Qu'est-ce encore que le divertissement sinon l'extraversion du moi, qui s'efforce d'occuper l'espace, domaine des corps ? Le jeu, la chasse, la guerre, les grands emplois : voilà de quoi s'alimente le divertissement. En d'autres termes, se divertir n'est guère autre chose que de céder à la concupiscence du corps: la philosophie implicite de cette attitude est formulée par l'école épicurienne.

Avec les " philosophes ", nous rencontrons les " stoïques " (La. 144 – Br. 360). Est-ce à dire que nous passions de l'ordre des corps à l'ordre des esprits ? Oui, dans la mesure où cette nouvelle attitude se fonde sur la raison et implique une critique réfléchie du divertissement, dans la mesure aussi où elle comporte affirmation du moi contre les choses. Mais les stoïciens nous introduisent en même temps dans le troisième ordre. Ce sont eux les champions de cette " sagesse " profane qui conduit l'homme à se faire Dieu et constitue la concupiscence propre à la volonté, l'orgueil (*C*). Si la sucession des chapitres n'en reflète pas mécaniquement la succession des ordres, elle n'en suit pas moins la succession qu'ils impliquent.

Le chapitre suivant poursuit cette progression, en plaçant le Souverain Bien en Dieu, " objet infini et immuable ", seul capable de remplir le " gouffre infini " qui se creuse au cœur de l'homme (La. 148 – Br. 425). Le mot " charité " n'est pas prononcé, parce que le raisonnement est conduit selon les voies rationnelles. Mais le terme des trois ordres est au moins entrevu.

Le terrain est peut-être moins solide lorsqu'on s'engage dans l'interprétation de la séquence formée par les trois chapitres *Commencement, Soumission et usage de la raison, Excellence de cette manière de prouver Dieu.* Mais seul, croyons-nous, le recours au thème des trois ordres permet d'établir entre eux une étroite relation logique. Au départ, nous poserons en principe que, dans ces trois chapitres, Pascal entend juger, du point de vue de la raison, trois attitudes fondamentales en face du problème religieux : l'athéisme, le déisme, le christianisme. Que le chapitre *Commencement* concerne l'athéisme se déduit d'abord de la fréquence avec laquelle y revient le mot " athée " ou des synonymes tels que " impie ", " incrédule ". De plus, si l'on accepte le point de vue habituel de la critique, c'est à ce chapitre que se rattache l'argument du pari. Or cet argument vise l'athée, auquel il s'agit de démontrer que, si Dieu est incertain, il faut parier pour lui. Dans *Soumission et usage de la raison,* Pascal s'adresse à ceux qui refusent la religion au nom de la raison, qui excluent le mystère et le miracle et dénoncent la superstition : autrement dit aux déistes. La réponse se développe selon la distinction formulée dans le titre. La *manière de prouver Dieu* dont Pascal entend montrer l'*excellence* est celle qui, conformément au titre du fragment rangé sur le dessus de la liasse, fait atteindre *Dieu par Jésus-Christ* (La. 189 – Br. 547), c'est-à-dire par le message de la révélation : méthode qui conduit nécessairement au christianisme, avec la doctrine duquel elle est en étroite harmonie. Si l'on définit ainsi l'objet de ces trois chapitres, on peut rattacher chacun d'eux à l'un de ses trois ordres. L'athée est installé dans l'ordre des corps : le seul bien qui compte pour lui est la vie ; son souci est celui du gain ; il a la mentalité d'un joueur : Pascal en argumentant contre lui par le pari, imite sa manière de raisonner. Le déiste n'admet d'autre religion que celle qui dérive de la raison : il appartient totalement et exclusivement à l'ordre de l'esprit.

Quant au chrétien, il sait que l'homme ne peut connaître Dieu sans connaître aussi sa misère, c'est-à-dire que l'efficacité du raisonnement est inséparable de la conversion du cœur, ce qui nous introduit dans l'ordre de la charité.

Nous nous en sommes tenus aux exemples les plus clairs et les plus significatifs. Mais la recherche pourrait être étendue [15].

Une certaine généralisation s'impose de toute manière. Comment situer, dans son ensemble, l'entreprise de Pascal auteur de l'*Apologie de la religion chrétienne* par rapport à sa distinction des ordres ? Il est clair que cette entreprise est tout entière du ressort de l'esprit. Elle entend procurer une démonstration, elle fait usage de preuves. Mais la raison, de par son exercice même, découvre ses limites. Elle peut penser la totalité des choses ; elle n'en constitue qu'une partie. En deçà de l'esprit, lui imposant des contraintes qui peuvent altérer son fonctionnement, prend place le corps, avec tout ce qui le prolonge, la société, la nature, l'univers. Travailler à bien penser, c'est apprendre à se soustraire à l'esclavage du corps, ce qui ne signifie pas l'éliminer, mais le comprendre et le maîtriser. Mais il y a aussi un au-delà de l'esprit, domaine de la volonté, où s'affrontent l'amour de soi et l'amour de Dieu. Ce conflit n'est pas non plus sans incidence sur le bon fonctionnement de l'esprit. L'amour de soi enferme un principe d'aveuglement en ce qu'il cache à l'esprit les vérités qui peuvent lui déplaire. L'amour de Dieu permet seul d'accéder à la connaissance parfaite qui s'acquiert en perçant le voile des figures, c'est-à-dire en transcendant le corporel pour atteindre le spirituel. Dans cette perspective, le mouvement de l'*Apologie* fait constamment passer, sous la conduite de l'esprit, du premier au second et au troisième ordre. Ce passage s'opère d'abord dans la succession des chapitres I à X, sorte de partie préparatoire de l'*Apologie*. Il s'opère de nouveau dans la partie dite démonstrative, dans la succession des chapitres XI à XXVII, où l'enquête menée à travers les philosophies et les religions conduit à celles qui donnent le plus au corps, l'athéisme et l'épicurisme, plus loin, l'Islam et le judaïsme, à celle qui se réclame uniquement de la charité. Une charité qui, dans la *Conclusion*, laisse loin derrière elle, non seulement le corps, mais aussi l'esprit, puisqu'après tout, lorsqu'elle est parfaitement pure, les preuves

15 Partant d'un principe plus systématique, un chercheur britannique, Monsieur Colin KEMPTHORNE, se propose de montrer, dans la succession des chapitres de la *Copie*, le retour constant de la série des trois ordres. Nous attendons le fruit de ses travaux avec le plus vif intérêt.

deviennent inutiles : « On ne croira jamais, d'une créance utile et de foi, si Dieu n'incline le cœur, et on croira dès qu'il l'inclinera » (La. 380 – Br. 284). Il est significatif que l'*Apologie* s'achève par le triomphe du troisième ordre.

*

* *

Le fragment isolé et prestigieux auquel se réduit, en apparence, l'expression de l'idée des trois ordres s'est ainsi révélé, surtout si l'on prend appui sur son double méconnu, moins admirable dans sa forme, mais offrant de plus larges perspectives, comme porteur d'un thème fondamental des *Pensées*. Ce thème est présent, d'une manière complète ou incomplète, et sous des éclairages différents, dans un grand nombre de fragments particuliers. Mieux : il reflète une structure profonde de la pensée de Pascal, décelable, comme en contrepoint, dans l'expression de beaucoup d'autres thèmes, et fournissant un principe d'organisation pour l'ensemble de l'*Apologie*, ainsi que, plus précisément, pour certaines séquences caractéristiques. La conception même des trois ordres atteste la puissance de l'esprit de Pascal, son désir d'embrasser la totalité des choses tout en préservant l'hétérogénéité radicale et la hiérarchie naturelle des êtres, son sens des ruptures et des conflits, sa vision dramatique du monde, en même temps que son aspiration à l'absolu. La même puissance classificatrice et unificatrice se manifeste dans la multiplicité des variations sur le thème, à toutes les étapes de la dialectique des *Pensées*. Nous tenons bien là, pour entrer dans l'univers de l'œuvre, une clef irremplaçable.

Jean MESNARD Université de Paris-Sorbonne

APOLOGÉTIQUE ET MYTHE MORAL : LA MÉDITATION PASCALIENNE SUR LE REPOS

> Pascal dit que tous les maux viennent de ne pas savoir garder sa chambre. J'espère garder si bien ce jardin et cette forêt qu'il ne m'arrivera aucun accident […] Je fus bien longtemps dans le jardin à vous chercher partout et à penser à vous avec une tendresse qui ne se peut connaître.
> (29 septembre 1679)

Madame de Sévigné, dans cette lettre qu'elle adresse à sa fille depuis Livry, se souvient du texte qu'elle avait lu dans l'édition originale des *Pensées :* « Tout le malheur des hommes vient de ne savoir pas se tenir au repos dans une chambre. » [1]. Bien que le mot essentiel, puisqu'il nous sert d'argument, ait disparu, la citation va néanmoins au cœur des choses : d'une part, elle focalise le regard sur un thème auquel la première " table des matières ", à la différence de beaucoup de celles qui ont suivi [2], réservait une entrée et Madame de

[1] " Se tenir " : " demeurer fixe et ferme en un lieu " (Furetière) ; le texte des éditions modernes (« Tout le malheur des hommes vient d'une seule chose, qui est de ne savoir pas demeurer en repos dans une chambre ») ne modifie pas le sens (" demeurer " : " Loger, habiter, séjourner en quelque lieu, maison, ou retraite ", Furetière). Aux idées de séjour et de stabilité, le verbe *garder* qu'emploie Madame de Sévigné ajoute une connotation défensive (« Défendre quelque chose contre les attaques de ceux qui la veulent attaquer, détruire ou endommager ») et l'idée d'obéissance et de fidélité.

[2] Par rapport au nombre de fragments où apparaît la notion de repos, l'index de 1670 est évidemment, avec ses deux entrées, très sélectif ; il reste que le terme a paru assez significatif pour être retenu. Ni Brunschvicg (sauf une entrée à

Sévigné selon un procédé, à l'époque tout à fait courant, d'exploitation des œuvres morales, en fait application à sa propre situation ; d'autre part, cette allusion instaure dans la relation de la mère et de sa fille, une manière d'intériorité qui donne, à la pensée recueillie sur elle-même, une qualité spirituelle. L'élection de cette phrase est d'autant plus significative que l'édition la fondait dans un long développement composé de cinq fragments regroupés, sans solution de continuité, autour du grand texte sur le divertissement (XXVI, *Misère de l'homme).* Il est tentant d'y voir la perception d'une harmonique dominante de la symphonie pascalienne [3] qui vient se rencontrer avec la hantise personnelle du repos chez l'épistolière lasse d'être happée par le " tourbillon " du monde, et avec l'obsédante permanence de cette idée à l'horizon de la pensée classique.

Égaré parmi cet aréopage de pascaliens comme l'homme dans un recoin de l'univers, je n'ai d'autre titre à prendre en ce colloque la parole que les recherches déjà menées sur cette idée de repos et dont la réflexion pascalienne peut sans doute se trouver éclairée. Réflexion ou méditation ? Si pour l'un et l'autre terme, Furetière propose des définitions presque semblables, le second n'appartient pas au vocabulaire de Pascal tandis que le premier revient au contraire souvent comme expression du retour de la conscience sur elle-même. Méditation dit pourtant mieux pour nous la conjonction de l'attitude philosophique (« action de considérer attentivement ») – pensons aux *Méditations* de Descartes – et la dévotion – Nervèze par exemple a publié des *Méditations dévotes* en 1601 –, et cette articulation est en l'occurrence intéressante. Il reste qu'une commune hypothèse ou qu'un commun postulat fonde l'emploi de ces mots, et par suite, notre démarche – lieu possible de discussion : que les occurrences éparses du mot *repos* et de ceux qui lui sont sémantiquement apparentés représentent, une fois regroupés et mis en convergence, un noyau réflexif qui bénéficie d'une relative cohérence, et que ce repos, même s'il n'inspire aucune grande page, aucun développement autonome, aucun fragment très travaillé, à la différence de l'imagination, du divertissement, de l'infini ou des figuratifs, constitue l'un des centres de l'entreprise apologétique par sa position au croisement des

reposer), ni Lafuma ne le retiennent ; seul Ph. Sellier donne quelques renvois essentiels.

3 Sans avoir jamais fait l'objet, à notre connaissance, d'aucune analyse spécifique, le repos apparaît souvent sous la plume des critiques ; J. MOREL par exemple considère que c'est " un mot important " et H. MYDLARSKI rappelle que Vauvenargues s'élève contre la condamnation pascalienne de l'activité.

traditions qui implicitement l'étoffent et l'informent, et des infléchissements que lui fait subir en contexte la réflexion de Pascal.

Ce n'est là qu'un premier préalable méthodologique. D'autres précisions s'imposent avant de décrire cet univers du repos dans les *Pensées*. Tout d'abord, bien que ce colloque ait pris pour objet les *Pensées*, des textes autres, antérieurs ou contemporains comme lettres et écrits spirituels, seront convoqués rapidement. La forte unité de la pensée de Pascal, le miroir de concentration d'une existence et d'une expérience que sont les *Pensées* suffisent à justifier cet élargissement occasionnel. Ensuite, question plus délicate et qui ne va pas sans risque, la philosophie ou la représentation pascaliennes du repos seront envisagées globalement, indépendamment de leur émergence à l'intérieur des liasses et de leur place éventuelle dans l'organisation de la démarche apologétique. Un premier examen rapide de la répartition de ces réflexions dans les liasses et les papiers non classés n'a pas permis de localiser une insistance particulière – hors peut-être de la liasse VIII, " Divertissement " – ni de déceler des moments stratégiques d'intervention du thème qui apparaît plutôt comme un leitmotiv. Est-ce revenir à une époque révolue de la critique pascalienne où chaque éditeur, à partir des " blocs erratiques " (Pol Ernst) que constituaient les *Pensées*, rêvait ou reconstituait selon sa propre logique l'apologie en gestation ? C'est en tout cas une invitation à la prudence : toute quête du statut ou des fonctions du thème ne saurait prendre appui que sur une description aussi exacte que possible de ses composantes. En dernier lieu, revenir à la notion de thème peut aussi paraître régressif, tant le mot a été galvaudé depuis les années soixante et pris à partie depuis. Or, à la différence des traités spirituels qui s'organisent entièrement autour d'elle [4], de poésies morales et de romans où elle prête d'avantage au déploiement de l'imaginaire [5], la notion de repos chez Pascal n'ouvre pas un champ métaphorique qui déborderait l'analyse, ne s'assimile pas non plus à un " mythe personnel " grâce auquel on remonterait du texte à la psychologie de l'homme. C'est dire que les définitions du thème élaborées par les critiques, de G. Poulet à J.-P. Richard ou

[4] Par exemple, R. P. CRASSET, *La manne du désert pour les personnes qui sont en retraite*, Paris, 1672 ; P. DU MOULIN, *Traité de la paix de l'âme et du contentement de l'esprit*, 1660 ; PUGET DE LA SERRE, *La vie heureuse ou l'homme content*, Paris, 1664.

[5] Par exemple, F. CHARPENTIER, *Voyage du vallon tranquille*, 1673 ; GOMBERVILLE, *Carithée*, 1621 ; Jean CLAVERGIER, *L'Euthymie ou du repos de l'esprit*, 1628.

Ch. Mauron [6] sont au départ laissés de côté ; j'envisagerai le repos comme un concept sur lequel pèse une double tradition profane et chrétienne, qui s'inscrit dans un univers spirituel et une intention apologétique. Bien que Pascal en tire à coup sûr des effets littéraires au service d'une rhétorique de la persuasion pour conquérir les âmes, je partirai d'une analyse traditionnelle d'histoire des idées, tentant seulement de replacer le repos au centre du champ sémantique que la concordance de H. Davidson nous permet de reconstituer aujourd'hui plus aisément. Nouvelle question qu'on peut laisser ouverte pour la discussion : le repos, est-il dans les *Pensées*, un thème au sens où il jouerait un rôle moteur et aurait un pouvoir structurant ?

*
* *

Une double série de termes, synonymes ou apparentés d'une part, antithétiques d'autre part compose le réseau thématique du repos. Selon un processus familier de la mentalité classique qui cerne le mot juste ou l'idée vraie par rapprochement et contraste [7], suivant plus encore l'habitude de Pascal de penser " par couples de contraires " (J. Mesnard), le repos se présente comme un espace mental et moral qui se circonscrit d'abord, si on l'envisage de manière statique, par analogies et différenciations.

Sans être l'une et l'autre dans un rapport de stricte équivalence ou d'exacte synonymie, paix et tranquillité sont notions très voisines du repos dont elles sont ou des formes possibles ou des composantes. Tranquillité n'est employé qu'incidemment par Pascal, mais l'adjectif ou l'adverbe reviennent pour dénoncer chez l'incrédule ce que Pascal considère comme une monstrueuse inconscience :

> Que s'il est avec cela tranquille et satisfait, qu'il en fasse profession et qu'enfin il en fasse le sujet de sa joie et de sa

6 Voir la bonne mise au point de D. RACELLE-LATIN.

7 Cf. A. KIBÉDI-VARGA, " Synonyme et antithèse ", *Poétique*, 15, 1973, p. 307-312.

vanité, je n'ai point de terme pour qualifier une si extravagante créature (La. 427) [8].

L'insouciance du salut qui fonde cette tranquillité est donnée comme une marque de la déraison (*extravagante* dit l'égarement hors des voies du bon sens, évoque l'univers de la folie) ; le jugement retentit sur l'idéal antique qui faisait de la tranquillité une fin morale digne d'être poursuivie. La *tranquillitas animi* [9] que recherchaient les sages, ignorants du vrai bien (La. 533. Platon et Aristote), ne trouve place dans les *Pensées* que comme danger, illusion ou tentation, dont le renoncement de Montaigne et sa mollesse toute païenne sont comme la figure exemplaire :

> Il agit au contraire en païen [...]. Considérant combien il y a que l'on cherche le vrai et le bien sans aucun progrès vers la tranquillité, il conclut qu'on en doit laisser le soin aux autres et demeurer cependant en repos, coulant légèrement sur les sujets de peur d'y enfoncer en appuyant (*Entretien avec M. de Saci*, éd. P. Courcelle, p. 47).

Beaucoup plus fréquent, le terme de paix oscille entre plusieurs registres. Au sens politique et social, elle équivaut au souverain bien (La. 81) ; au sens moral, synonyme de tranquillité, elle désigne la quête utopique des stoïciens comme des épicuriens d'un état qui mettrait fin à « la guerre intérieure de la raison contre les passions » (La. 410). Mais ce qui doit surtout nous retenir, c'est le sens spirituel où la paix s'auréole de ses cautions bibliques et oppose, à la fausse paix du monde, l'espérance en la miséricorde de Dieu et l'assurance qui donne la bonne foi [10]:

8 Les chiffres entre parenthèses renvoient à la numérotation de Lafuma de 1963 (Paris, Seuil, *L'Intégrale)*. La table de concordance placée en fin d'article permettra de retrouver les textes dans d'autres éditions courantes.

9 Plutarque a adressé à Pacius une lettre sur « le contentement ou le repos d'esprit » (*Œuvres morales*, trad. par Simon Goulart, Paris, 1616, I. X, p. 215/241). C'est une leçon de sagesse d'inspiration stoïcienne qui ramène le repos à la maîtrise de soi, et à partir de la distinction entre ce qui dépend de nous et ce qui n'en dépend pas, à la restriction de l'emprise du monde extérieur.

10 La. 429, 700 (écho de *Sagesse* XIV, 22), 793, 919, 924.

> Heureux ceux qui étant sur ces fleuves, non pas plongés, non pas entraînés, mais immobilement affermis sur ces fleuves [...] après s'y être reposés en paix, tendant la main à celui qui les doit élever (La. 545).

L'expérience mystique qui sanctionne le *Mémorial* donne accès à cet état qui sera celui des bienheureux : « Certitude, certitude, sentiment, joie, paix. » (La. 913). Ainsi, en ces deux synonymies, dont l'une renvoie à un modèle profane, l'autre à un modèle chrétien se heurtent le plan de la morale et celui de la spiritualité, s'affirme autour du repos intérieur si recherché le difficile départ entre le vrai et le faux, se manifeste déjà le souci de Pascal de lever les confusions et les ambivalences. De même que la paix de l'Église à la différence de la paix politique ne doit pas s'acheter du sacrifice de la vérité (La. 974), la vie morale et spirituelle exige la netteté : d'où l'effort de Pascal pour préciser les frontières, pour éviter les glissements ou les zones floues. Le repos authentique a rapport avec la vérité dont il est, sinon nécessairement la possession, au moins la conscience et la poursuite :

> Différence entre repos et sûreté de conscience. Rien ne donne le repos que la recherche sincère de la vérité (La. 599).

L'auteur des *Provinciales,* l'adversaire de la théorie de la probabilité inspire cette définition en forme de maxime ; la sûreté que prétendent procurer les Jésuites est un concept dangereux pour le salut, la casuistique n'ouvre la voie qu'à un faux repos parce qu'elle est « abdication de l'effort personnel » (J. Mesnard) [11].

Si les rapports synonymiques soulignent certaines apories et font déjà du repos un concept problématique, les antithèses accusent la tension entre les contraires qui divisent l'âme humaine, comme si les aspirations profondes de sa nature allaient à l'encontre de sa condition, guerre intérieure que Pascal déchiffre comme un signe et un symptôme, manifestation de la " disproportion " propre à l'homme :

[11] La. 916 : « Ils ont plaisamment expliqué la sûreté, car après avoir expliqué que toutes leurs voies sont sûres, ils n'ont plus appelé sûr ce qui mène au ciel, sans danger de n'y pas arriver là, mais ce qui y mène sans danger de sortir de cette voie. »

> J'ai connu que notre nature n'était qu'un perpétuel mouvement [...]. Rien ne s'arrête pour nous. C'est l'état qui nous est naturel et toutefois le plus contraire à notre inclination (La. 199).

> Notre nature est dans le mouvement ; le repos entier est la mort (La. 641) [12].

Qu'on la nomme héraclitéenne ou baroque, cette représentation rappelle à l'homme qu'il est un être temporel et lui découvre, dans son inspiration vers le repos, comme un secret désir de mort. Les vertiges du changement ou les plaisirs de la métamorphose célébrés par les poètes baroques sont lus comme le masque d'une illusion, l'expression d'un esprit qui cherche à convertir son impuissance en plaisir puisque ce divertissement de l'agitation ne parvient pas à étouffer en lui la hantise du repos. Comme le Verlaine des *Fêtes Galantes* pressent derrière danses et rêveries vespérales l'angoisse du temps et devine sous le loup la duperie du plaisir, la détresse et le fantôme de l'être [13], Pascal apologiste réveille chez son lecteur la conscience de sa finitude et l'inquiétude qui est son état naturel.

Cette nouvelle antithèse, qui reprend un couple cher au *Nouveau Testament* (*requies / sollicitudo)* vient doublement éclairer la notion de repos. La *sollicitudo* biblique oscille en effet entre le négatif et le positif, tantôt elle est pur trouble et instabilité de l'homme séparé de Dieu, tantôt elle est vigilance et attention, attente de Dieu. Ainsi le repos peut être l'état d'une âme qui a renoncé à toute vigilance, donc à la vie spirituelle, ou le désir qui exprime un malaise fécond.

Ces quelques relevés montrent déjà que le concept de repos est inséparable d'une constellation de termes qui lui sont apparentés dans la pensée de Pascal et qu'il trouve dans ces rapports multiples son sens et sa portée. Ce qui frappe, c'est simultanément sa prégnance mentale et son évanescence existentielle ; la difficulté de penser tient à cette conjonction et à ce contraste. De même que la physique moderne, dans sa représentation de la matière est incapable de choisir entre le continu

12 Cf. aussi les fragments 131, 136, 705, 803 pour l'idée d'agitation.

13 « ... des pensers mélancoliques vont
Et viennent dans mon rêve où ce chagrin profond
Evoque un avenir solitaire et fatal. » (*L'Amour par terre*)
« L'Espoir a fui, vaincu, vers le ciel noir » (*Colloque sentimental*)

et le discontinu, chaque concept rendant compte d'un aspect différent, de même repos et mouvement sont l'un par rapport à l'autre dans un rapport mutuel d'association et d'exclusion. Il s'agit moins dès lors de choisir entre deux conceptions morales que de trouver l'ordre dialectique et explicatif qui leur donnera sens à toutes deux. De cette difficulté logique, dont Pascal va exploiter dans les *Pensées* les conséquences sur le double plan de la morale et de la spiritualité, il n'est pas de meilleur commentaire que ce passage – un peu long – de *L'Esprit géométrique :*

> Le zéro n'est pas du même genre que les nombres, parce qu'étant multiplié il ne peut les surpasser : de sorte que c'est un véritable indivisible de nombre, comme l'indivisible est un véritable zéro d'étendue. Et on en trouvera un pareil entre le repos et le mouvement, et entre un instant et le temps, car toutes ces choses sont hétérogènes à leurs grandeurs, parce qu'étant infiniment multipliées elles ne peuvent jamais faire que des indivisibles d'étendue [...]. Et alors on trouvera une correspondance parfaite entre ces choses ; car toutes ces grandeurs sont divisibles à l'infini, sans tomber dans leurs indivisibles, de sorte qu'elles tiennent toutes le milieu entre l'infini et le néant.
>
> Voilà l'admirable rapport que la nature a mis entre ces choses, et les deux merveilleuses infinités qu'elle a proposées aux hommes, non pas à concevoir, mais à admirer ; [...] j'ajouterai que ces deux infinis, quoiqu'infiniment différents, sont néanmoins relatifs l'un à l'autre, de telle sorte que la connaissance de l'un mène nécessairement à la connaissance de l'autre [14].

Le parallélisme des sèmes – repos / instant / zéro d'une part ; mouvement / temps / nombres de l'autre – éclaire notre concept. Dilatation de l'instant en une durée uniforme, libre de toute succession ou accumulation et par là contraire à ce qu'il y a toujours d'inaccompli et d'insatiable dans le divertissement, le repos est un état d'abolition où idéalement se défont toutes les servitudes ou les tentations propres à la nature humaine ; il est une manifestation du besoin absolu. Mais cet

14 La. p. 354 ou *Œuvres,* édition J. CHEVALIER, Paris, Gallimard, *Bibliothèque de la Pléiade,* 1954, p. 590.

affranchissement est-il pensable ou possible ? Désir d'une unité de l'être, le repos, au seul niveau de sa définition statique, se révèle signe d'une division dont il reste maintenant à approfondir la nature et les origines. Car penser la contradiction ou le conflit, c'est faire surgir une dynamique du thème et par là amorcer la question de son statut et de ses fonctions au sein du matériau apologétique.

*

* *

Un triple constat met en question, aux yeux de Pascal, toute morale humaine du repos, explique ses apories et son statut rêvé ou mythique : nostalgie, inaccessibilité et impatience.

« Nous brûlons du désir de trouver une assiette ferme » (Fragment 199) : cette formule souvent citée du fragment *Disproportion* dit à la fois le lieu originel d'un ensemble d'aspirations et le point précis où vient s'ancrer le travail de l'apologiste :

> Je ne souffrirai point qu'il repose ni en l'un ni en l'autre afin qu'étant sans assiette et sans repos … (La. 464)

Besoin de croire, peur de la vérité ou des découvertes nouvelles qui bousculent les habitudes – d'où la vigueur du polémiste qui s'irrite contre ses adversaires –, force de la coutume, abandon aux pouvoirs de l'imagination [15], autant de manifestations au niveau mental, social ou moral du désarroi devant l'incertain et de la quête du stable. Selon un processus d'analyse et de réflexion cher à Pascal, la recherche du repos devient le foyer explicatif d'un ensemble de comportements ou d'attitudes apparemment disparates.

Et pourtant cette aspiration se trouve sans cesse déçue par la " fluidité nocturne du monde " (Ph. Sellier) où tout est changement, fuite, écoulement :

> C'est le mouvement perpétuel (La. 56).

[15] La. 150, 516, 661.

> Après bien des changements de jugement touchant la véritable justice, j'ai connu que notre nature n'était qu'un continuel changement (La. 520).
>
> L'écoulement. C'est une chose horrible de sentir s'écouler tout ce qu'on possède (La. 757).

L'homme lui-même, être non réconcilié où se combattent raison et passions (La. 410), participe de cette évanescence universelle qui place hors de sa prise le repos qu'il traque en vain. Seul Dieu, toujours identique à lui-même, jouit de cette permanence dans son être :

> Le changement de ma condition n'en apporte pas à la vôtre, vous êtes toujours le même quoique je sois sujet au changement [...] [16].

Vision baroque peut-être, mais qui s'appuie aussi sur de multiples référents bibliques. L'originalité, s'il faut en chercher une, ne réside pas dans le contenu de cette vision, mais dans la mobilisation et l'exploitation qu'en fait Pascal pour dénoncer le mythe du repos qui habite bien des lieux de la pensée classique : art de placer la balle.

Mais en même temps le repos célébré et présenté comme une fin espérée est insupportable à l'homme. « Leur esprit cherche le repos au branle » : sur cette formule de Montaigne (*Essais*, III, 10, " De ménager sa volonté "), Pascal compose tout un passage du fragment 136, " Divertissement " :

> Ils croient chercher sincèrement le repos, et ne cherchent en effet que l'agitation [...]. Ainsi s'écoule toute la vie. On cherche le repos en combattant quelques obstacles ; si on les a surmontés, le repos devient insupportable par l'ennui qu'il engendre.

16 "Prière pour demander à Dieu le bon usage des maladies " (La. p. 362). L'idée qu'en Dieu action et repos ne se distinguent pas est courante ; cf. GRENAILLE, *La mode ou le caractère de la religion*, 1642.I.3. Que Dieu est immuable par essence : « Quoiqu'il agisse toujours, il est toujours au repos. » (p. 47)

Les philosophies profanes échouent donc à réaliser leurs promesses [17] parce que le repos est une aspiration contradictoire, inscrite dans la nature et contraire à elle dans la mesure où il est image de la mort. Pascal invite l'homme à contempler et méditer cette illusion qui le porte à désirer ce qu'il ne supporte pas, signe d'une unité perdue :

> Ils ont un instinct secret qui les porte à chercher le divertissement et l'occupation au dehors, qui vient du ressentiment de leurs misères continuelles. Et ils ont un autre instinct secret qui reste de la grandeur de notre première nature qui leur fait connaître que le bonheur n'est en effet que dans le repos et non pas dans le tumulte. Et de ces deux instincts contraires il se forme en eux un projet confus qui se cache à leur vue dans le fond de leur âme qui les porte à tendre au repos par l'agitation et à se figurer toujours que la satisfaction qu'ils n'ont point leur arrivera si en surmontant quelques difficultés qu'ils envisagent ils peuvent s'ouvrir par là la porte au repos (La. 136).

Nous sommes ici au cœur de l'analyse pascalienne du repos qui rejoint le Sénèque du *De Brevitate vitae* stigmatisant l'incapacité de l'homme à s'ancrer dans le présent pour différer jusqu'à la mort le moment de jouir de la vie. La leçon du sage antique devient chez l'apologiste la marque d'une histoire dont la nature humaine porte, indélébiles, les inscriptions. Les contrariétés de la morale du repos et le dilemme qui la rend impraticable deviennent des miroirs tendus par Pascal à ceux qu'il veut ébranler et convaincre. Dans l'univers désolé qui clôt le roman, Madame de Clèves n'aura en effet le choix qu'entre le vertige et la fragilité de la passion ou l'atonie d'un repos qui est le seuil de la mort, et en termes plus tranchés, mais très pascaliens, Voltaire fera dire au philosophe Martin : « L'homme est né pour vivre dans les convulsions de l'inquiétude ou dans la léthargie de l'ennui » (*Candide,* XXX). Familier des milieux libertins et de leur pensée, Pascal sait que la vie unie leur est insupportable comme le face à face avec soi [18]. Loin d'être une plénitude ou un épanouissement, le

[17] La. 407. « Les stoïques disent : rentrez au dedans de vous-même, c'est là où vous trouverez votre repos. Et cela n'est pas vrai ... »

[18] « Ce repos languissant [c'est-à-dire sans passions] ne fut jamais un bien. C'est trouver sans mourir l'état où l'on n'est rien. » Saint-Evremond, à Mlle de

repos est vécu sur le mode de la privation : l'expérience dément le discours, et le tourbillon du divertissement ou l'ennui [19] sanctionnent cette contradiction. Revenons au fragment qui nous a servi de point de départ : « Tout le malheur des hommes ... » : V. Brombert a justement senti que le mot *malheur* peut se lire de deux façons ; au regard de l'homme seul, c'est l'inconfort intérieur, le sentiment de dérilection qui accompage la solitude ; au regard de l'apologiste, il est spectacle de la misère de l'homme, c'est-à-dire aussi preuve, argument, appel.

Ce triple constat qui vide de contenu la prétendue morale du repos, semble légitimer le divertissement au nom d'une logique de l'insatisfaction discrédite en fait l'une et l'autre [20], suivant une démarche analogue à celle qui renvoyait dos à dos stoïciens et épicuriens, impuissants à satisfaire la totalité de l'homme (*Entretien*

Lenclos [décembre 1692], in *Lettres,* éd. R. TERNOIS, Paris, STFM, 1968, II, p. 263.

19 La. 415. « Agitation. Quand un soldat se plaint de la peine qu'il a ou un laboureur, qu'on les mette dans rien faire. ».

La. 622. « Ennui. Rien n'est si insupportable à l'homme que d'être dans un plein repos, sans passions, sans affaires, sans divertissement, sans application. Il sent alors son néant, son abandon, son insuffisance, sa dépendance, son impuissance, son vide. » On trouverait déjà des développements voisins dans le *Discours sur les passions de l'amour ;* « L'homme est né pour penser ; aussi n'est-il pas un moment sans le faire ; mais les pensées pures qui le rendraient heureux, s'il pouvait toujours les soutenir, le fatiguent et l'abattent. C'est une vie unie à laquelle il ne peut s'accommoder ; il lui faut du remuement et de l'action [...]. L'homme n'aime pas demeurer avec soi. » Cette analyse pascalienne de l'ennui mériterait attention dans le cadre d'une étude plus générale de cette notion au XVIIème siècle. Par exemple Pierre NICOLE, s'il fait de l'ennui la conséquence d'une privation du commerce mondain (*Essais de morale,* 1733, X, 120) refuse la génèse qu'en propose Pascal (*Ibid.*, 1715, tome VIII, lettre 88). En 1684, Madeleine de Scudery consacre de son côté une de ses *Conversations nouvelles sur divers sujets* à " L'ennui sans sujet " : sa réflexion se situe entre les analyses pascaliennes dont on trouve peu de traces explicites, la rêverie mélancolique des poètes et déjà quelque chose du vague des passions.

20 A l'endroit du divertissement, Yves de PARIS est par exemple beaucoup moins sévère : « On voit un homme qui est à l'attente d'un lièvre comme un renard, qui court avec une troupe de chiens, qui se lasse et qui fait des postures extravagantes pour suivre le bond d'une balle [...]. Néanmoins ces menus plaisirs ne sont pas quelquefois moins nécessaires aux grandes actions que la rencontre des bonnes hôtelleries dans un long voyage » (*Morales chrétiennes,* III, 1639, p. 436). A l'image du voyage, Yves de PARIS aurait pu joindre celle de la jachère, également fréquente dans les éloges du repos ; car le divertissement est donné ici comme une forme de repos, non son contraire, image affaiblie du repos du septième jour.

avec M. de Saci)[21]. Si l'idéal du repos, tel qu'il s'exprime au XVIIème siècle dans les traités philosophiques et moraux, dans les romans et les poésies, dans les correspondances, cherche à définir un lieu propre à l'homme, à circonscrire et abriter un espace autonome d'appropriation du monde et de soi – d'où son association fréquente avec des éloges de la retraite ou des rêveries sur la solitude –, Pascal répond en niant même chez lui toute volonté réelle d'y accéder. L. Goldmann avait bien vu ce point [22]. L'anthropologie pascalienne offre aux lecteurs des *Pensées* le spectacle d'une conscience éclatée, à l'image de cet univers « dont le centre est partout et la circonférence nulle part », d'une conscience déchirée par l'appel de l'extérieur (La. 143) à laquelle ne s'offre de choix qu'entre l'abdication et l'insoutenable narcissisme. Incapable de se posséder ou de se contempler, cette conscience est habitée par des mouvements antinomiques, conscience sans identité qui se dissoud dans la succession de ses tentations, négation de toute forme de repos :

> Nous nous mouvons pour saisir notre être, nous nous mouvons pour le fuir. L'agitation à la fois intensifie et trouble la conscience du moi. C'est qu'il y a au fond deux moi, le moi imaginaire que nous recherchons par la chasse, et le moi réel que nous fuyons avec horreur (G. Poulet).

Illusion d'indépendance et d'autonomie de la part d'un moi qui pense pouvoir devenir centre (La. 199, 597), d'un être qui voudrait se couper de sa nature comme si un membre pouvait se séparer du corps auquel il appartient (La. 572), ce repos si souvent allégué n'est-il pas en définitive, introduite dans le texte, la figure du libertin ou de l'incroyant, c'est-à-dire du destinataire de l'apologie ? Montaigne incarnait pour Pascal cet " indifférentisme " (P. Courcelle) et " c'est à cet étrange repos que M. Pascal en voulait principalement " (Filleau

21 Dans la préface de son traité de *L'usage des passions* (1641), P. SENAULT récuse aussi ces deux sectes pour faire parler en leur place saint Augustin.

22 « Le seul lieu naturel dans lequel l'homme trouverait le bonheur et le calme se trouve non pas au milieu, mais aux deux extrêmes à la fois ; or, comme il ne peut rien faire pour approcher ni l'un, ni l'autre, il reste – malgré son agitation apparente – dans une immobilité de fait qui est cependant non pas équilibre, mais tension permanente, mobilité, mouvement qui tend au repos et à la stabilité qui se déroule, sans jamais progresser, dans un effondrement perpétuel » (*Le Dieu caché*, Paris, Gallimard, 1959, p. 229).

de la Chaise)[23]. Nous voici donc renvoyés de l'anthropologie et de la morale apologétique. Les *Pensées* disent que le repos n'est qu'un état d'inconscience qui rapproche l'homme de ses bêtes ou qu'il est un concept vide, qu'il dessine un manque sans parvenir à s'accomplir dans les existences. Idée innée qui appartient à la nature humaine et à la vie mentale et morale, soutenue pour toute une tradition textuelle qui ne réussit pas à lui faire prendre corps, ce repos est une réalité purement discursive, vestige et attente, trace de finitude. Sur une citation de l'*Ecclésiastique* (XXIV, 11), Pascal commente :

> *In omnibus requiem quaesivi*. Si notre condition était véritablement heureuse, il ne faudrait pas divertir d'y penser pour nous rendre heureux (La. 889).

« L'analyse du moraliste nous mène jusqu'au bord de la solution chrétienne » (Jean Mesnard).

*

* *

Il est plus facile maintenant de préciser les limites, le statut et les fonctions de cette méditation sur le repos. Pascal, en effet, avec les *Pensées*, ne prend pas véritablement place dans une histoire de l'idée du repos dont il élaborerait une philosophie personnelle ; il prend plutôt assise, souvent de façon implicite, sur les traditions dont hérite ce concept pour y greffer sa démarche ; il réagit à ce qu'il perçoit comme une réaction dominante et dangereuse pour le salut et l'utilise comme un révélateur et un symptôme. L'originalité de Pascal ne réside pas tant dans ce qu'il dit du repos et qui se ramène aisément à un ensemble de lieux communs empruntés à la Bible, à saint Augustin[24] ou à Montaigne qui voit dans sa métamorphose une arme destinée à éveiller chez le lecteur " un trouble bien salutaire " (*Sur la conversion du pêcheur)*. C'était déjà la leçon qu'il demandait à Épictète : « Je

23 « ... on leur apprendrait en même temps le remède à cet abîme de misères dont les hommes sont entourés, et dans lesquelles il est inconcevable comment ceux qui n'en espèrent point peuvent avoir le moindre repos » (Pascal, *Œuvres complètes*, éd. J. CHEVALIER, Paris, Gallimard, 1954, p. 1479).

24 *Confessions*, I, 5 " qui me donnera de me reposer en vous. "

trouve dans Épictète un art incomparable pour troubler le repos de ceux qui le cherchent dans les choses extérieures » [25]. Au rêve d'un état stable ou d'un terme possible à la quête, Pascal substitue un itinéraire et une recherche constante, soucieux de susciter un mouvement de féconde inquiétude spirituelle :

> Ce repos dans cette ignorance est une chose montrueuse, et dont il faut faire sentir l'extravagance et la stupidité à ceux qui passent leur vie, en la leur représentant à eux-mêmes, pour les confondre par la vue de leur folie (La. 428).

Les lettres à Mademoiselle de Roannez développent cette idée de l'indispensable inquiétude. Cette pédagogie de l'inquiétude vise d'abord les faux repos du monde, l'utopie des univers réconciliés par un imaginaire trompeur ; mais elle s'écarte aussi des spirituels qui adoptent ou adaptent à la dévotion le discours du repos. Il existe bien un authentique repos, le repos chrétien que Dieu procure à son peuple (La. 275) et à l'âme (La. 460), état de fusion qui définissait pour un Plotin la vision extatique, état auquel aspire l'âme chrétienne parce qu'il la place comme hors du monde : « Faites, mon Dieu, que dans une uniformité d'esprit toujours égale je recoive toute sorte d'événement » (*Prière pour le bon usage des maladies*, XIV). Le repos des philosophies mondaines n'est humilié que pour ouvrir la voie à ce repos chrétien, comme l'Église et le monde s'opposent dans un combat qui n'aura de cesse qu'au jour du Jugement (*Comparaison des chrétiens des premiers temps avec ceux d'aujourd'hui.*). Abolir les confusions, affirmer l'infranchissable frontière d'un ordre à l'autre, l'auteur des *Pensées* poursuit sur le plan spirituel ce qu'avait entrepris l'auteur des *Provinciales* en dénoncant le chimérique repos de la casuistique. Invitation est ainsi faite au libertin qu'il veut conduire au seuil de la religion à instaurer un nouveau rapport au temps : temps historique de l'humanité marqué par le péché et la rédemption qui laisse le souvenir du repos perdu ; temps de l'individu que la conversion tendra vers l'attente du repos retrouvé dont les Écritures, dans l'image qu'elles en donnent, inspirent le désir. Derrière la réflexion pascalienne se profilent les grandes orientations du thème dans la Bible : « L'homme ne voit pas le repos ni jour, ni nuit » (*Écclésiaste*, 8, 16) ; qu'on le cherche en effet dans le respect de la Loi (*Jérémie*, 6,

25 Écho d'un *Propos* (IV, 4, 1) où Épictète parle d'un " désir désordonné du repos ».

16), dans l'amour (*Cantique*, 1, 7) ou dans la Sagesse (*Écclésiastique*, 6, 28), le repos humain est fragile, reflet pâli du repos céleste dont la terre promise est la figure et que Jésus-Christ a célébré en restaurant le vrai sens du sabbat. Le vrai repos est donc moins la cessation du travail que l'accomplissement d'une activité tournée vers Dieu.

Rien de surprenant dès lors à ce que le régime rhétorique privilégié de la méditation pascalienne sur le repos soit l'antithèse ou l'oxymore. L'antithèse ne sert pas seulement à opposer au repos tout ce qui lui est antinomique ; elle sert aussi à placer en contraste le mythe moral dont sont mises au jour les illusions et les apories, et le repos chrétien. De l'un à l'autre plan, nul passage, nulle progression possible puisque la conversion est rupture. Mais en cette vie terrestre, nulle possession tranquille non plus de ce repos dont la quête est en même temps une anamnèse :

> L'homme ne sait à quel rang se mettre, il est visiblement égaré et tombé de son vrai lieu. Il le cherche partout avec inquiétude et sans succès dans des ténèbres impénétrables (La. 400).

Être à jamais décentré, l'homme est voué aux oscillations, à la tension entre les contraires, négation même du repos qui appelle au contraire l'oxymore, fusion des valeurs opposées, invention d'une unité nouvelle, instrument de réconciliation. De cette figure, Jésus-Christ est l'image et le modèle puisque lui est centre (La. 449, 811), qu'il est misère et grandeur, homme et dieu, mystère de la rédemption comme retour au repos originel.

On voit assez que quels que soient ses antécédents ou ses garants, bibliques et patristiques, stoïciens ou épicuriens, la notion de repos tient son importance dans la pensée de Pascal moins de son contenu que de ses fonctions. L'argumentation pivote autour d'elle selon une double polarité : secouer le faux repos et éveiller l'inquiétude ; substituer la représentation d'un autre repos et en inspirer le désir. Ainsi se noue le dialogue de l'apologiste et de son temps. C'est la leçon chrétienne qui offre le point fixe d'où peut être regardée et jugée la mouvance du monde, insurmontable à tous les rêves de repos :

> Ceux qui sont dans le dérèglement disent à ceux qui sont dans l'ordre que ce sont eux qui s'éloignent de la nature et la croient suivre, comme ceux qui sont dans un vaisseau croient

> que ceux qui sont au bord fuient. Le langage est pareil de tous côtés. Il faut avoir un point fixe pour en juger. Le port juge ceux qui sont dans un vaisseau, mais où prendrons-nous un port dans la morale ? (La. 697) [26]

*
* *

Faut-il pour conclure tenter un bilan aux arrêtes plus vives ? Il y a risque de systématiser une pensée demeurée à l'état fragmentaire. N'était-ce pas Saci qui laissait entendre à son interlocuteur qu'il prêtait à Montaigne une cohérence peut-être sienne [27] ? Il reste, et ce n'est pas une des moindres leçons de ce colloque, que malgré la multiplicité des thèmes, l'organisation de la pensée pascalienne est si forte qu'ils deviennent autant de foyers à partir desquels se découvrent des perspectives sur l'ensemble de l'œuvre. Le repos n'échappe pas à cette règle ; l'intérêt de ces réflexions est sans doute moins dans leur nouveauté que dans la confirmation ou la mobilisation autour du repos de quelques lieux communs de la critique pascalienne.

Si Pascal, avec l'imagination, le divertissement ou les infinis, qui font l'objet de fragments littérairement plus achevés, a découvert des centres explicatifs qui lui permettent à la fois d'expliquer tout un ensemble de conduites ou de constats et de fonder sa démarche apologétique, il n'en va pas tout-à-fait de même avec le repos qui d'une part, malgré sa récurrence, n'inspire aucun long fragment, d'autre part ne prête à aucune théorie proprement dite. Tel n'est d'ailleurs pas son souci ; l'apologiste rencontre sur sa route le concept de repos ; il

[26] Cette image du port est l'une des plus communes chez les moralistes, les poètes ou les romanciers pour évoquer les plaisirs de la retraite et en chanter le repos, variations sur le "*Suave mari magno* ... » de Lucrèce. Les spirituels l'emploient aussi « Vous êtes comme sur un port d'où vous voyez des millions d'âmes périr à tout moment dans une mer, où sans une grâce aussi rare que puissante, vous vous seriez perdu avec eux. » (LE MAITRE DE SACI, *Lettres spirituelles*, Paris, 1690, lettre 47, p. 155).

[27] « Je crois assurément que cet homme avait de l'esprit ; mais je ne sais si vous ne lui en prêtez pas un peu plus qu'il n'en a, par cet enchaînement si juste que vous faites de ces principes » (*Œuvres complètes,* éd. Chevalier, p. 568).

ne le contourne pas, mais l'intègre à sa démarche : « Une apologie avant d'être construction est réponse » (Ch. Meurillon) [28].

La préoccupation apologétique explique en effet le double plan selon lequel se développe la réflexion de Pascal : mettre en évidence l'inconsistance de la philosophie du repos, lui substituer une spiritualité de l'inquiétude. Rêve géorgique ou pastoral d'une société réconciliée, célébration du loisir civique favorable aux productions de l'esprit, solitudes contemplatives qui en sont la version christianisée, le mythe du repos prend à coup sûr dans la pensée et la sensiblité des XVIème et XVIIème siècles [29] des visages très variés qui ne se reflètent pas tous dans les *Pensées*, mais sont implicitement englobés dans le même décri que la tranquillité philosophique, que le repos intérieur. Ceux-ci en effet deviennent pour Pascal des spectres au double sens de réalité fantasmatique et fantômatique, et de révélateur, comme on parle du spectre solaire qui décompose la lumière en ses couleurs primitives. Sous le regard du moraliste et de l'apologiste, le repos permet de lire dans la nature humaine dont il révèle l'instabilité et l'insatisfaction des traces de la condition humaine, c'est-à-dire son essence historique. Le mythe du repos est métamorphosé en tableau de vanité qui rappelle à l'homme sa fugacité et l'inconfort de sa condition. Contre cette réalité purement discursive, Pascal dresse l'existence et l'expérience, invitation à la lucidité spirituelle d'un être à jamais coupé, depuis la faute que raconte la Génèse, de l'authentique repos et qui ne méritera de le retrouver qu'au terme d'une constante inquiétude du salut.

Il n'y a finalement de repos que dans la recherche, que dans un mouvement orienté vers un but, que dans l'exigence et l'ascension. La guerre, non la paix définit la vie spirituelle et l'homme ne trouve fidélité à son histoire et remède à la fluidité du monde extérieur et intérieur que dans la tension qui le porte vers la Jérusalem céleste :

> Les fleuves de Babylone coulent et tombent et entraînent. O sainte Sion où tout est stable et où rien ne tombe. Il faut s'asseoir sur ces fleuves, non sous ou dedans, mais dessus et non debout, mais assis, et en sûreté étant dessus, mais nous serons debout dans les proches de Jérusalem. Qu'on voit si ce plaisir est

28 *Méthodes chez Pascal,* Paris, PUF, 1979, p. 276.

29 Voir pour le XVIème siècle – mais bien des thèmes sont repris au XVIIème – l'excellent panorama de Michael O'LOUGHLIN, *The Garlands of Repose. The literary Celebration of civic and retired leisure,* University of Chicago Press, 1978.

stable ou coulant ; s'il passe, c'est un fleuve de Babylone (La. 918).

Bernard Beugnot Université de Montréal

ETUDES CRITIQUES

1949 POULET, Georges, *Études sur le temps humain,* III. Pascal, (Paris, 10/18, 1972), p. 93/122.

1960 COURCELLE, Pierre, *L'entretien de Pascal et Saci. Ses sources et ses enigmes,* Paris, Vrin.

1960 MOREL, Jacques, " Réflexions sur le sentiment pascalien ", *Revue des sciences humaines,* janvier/mars, p. 21/29.

1962 *Vocabulaire de théologie biblique,* Paris, Éditions du Cerf. Article " repos " (colonnes 904/908).

1965 MAEDA, Yoichi, " Montaigne et le premier jet du fragment sur les deux infinis ", *Bulletin de la société des amis de Montaigne,* 1, 4è série, janvier/mars, p. 6/26.

1967 BROMBERT, Victor, " Pascal's happy dungeon " *Yale French Studies,* 38, p. 230/242.

1969 LE GUERN, Michel, *L'image dans l'œuvre de Pascal,* Paris, A. Colin

1972 MYDLARSKI, Henri, " Vauvenargues, lecteur de Pascal " , *Revue des sciences humaines,* 146, p. 209/222.

1974 CHOQUETTE, Bernard, *Pascal et Montaigne. Étude des réminiscences des " Essais " dans l'oeuvre de Pascal,* Genève, Droz.

1974 MESNARD, Jean, " Baroque, science et religion chez Pascal ", *Baroque,* 7, p. 71/83.

1975 DAVIDSON, Hugh et P. H. DUBE, *A Concordance to Pascal's Pensées,* Ithaca, Cornell University Press.

1975 RACELLE-LATIN, Danielle, " La critique thématique ", *Revue des langues vivantes,* 41, p. 261/281.

1976 BEUGNOT, Bernard, " Morale du repos et conscience du temps ", *Australian Journal of French Studies,* XIII, 3, p. 183/196.

1979 DAVIDSON, Hugh, *The Origins of Certainty. Means and Meaning in Pascal's Pensées,* University of Chicago Press.

1982 BEUGNOT, Bernard, " L'imaginaire de la retraite : tradition et invention d'un mythe ", in *La mythologie au XVIIème siècle,* Marseille, CMR 17, p. 7/15.

RÉFÉRENCES

Textes de Pascal

Lafuma Paris, 1963	Brunschvicg Paris, 1897	Lafuma Paris 1952	Sellier Paris, 1976	Port Royal Paris, 1670[1]
56	181	104	89	286
81	299	81	116	
136	139	269	168	*200 sq
137	142	270	169	203
143	464	281	176	165
150	226	326	183	
151	211	327	184	
199	72	390	230	169 sq
257	684	491	289	
275	643	509	306	
356	539	672	388	
372	483	688	464	271
400	427	312	19	167
407	465	286	26	165
410	413	249	29	166
415	130	273	34	
418	233	343	680	53
427	194	11	681	1
428	195	12	682	6/7

1 Une édition en fac-similé présentée par G. Couton et J. Jehasse a été publiée par l'Université de Saint-Étienne (" Images et témoins de l'âge classique ", 2, 1971).

Les chiffres renvoient à la pagination de l'édition originale, et l'astérisque signale les deux pensées auxquelles renvoie la table des matières à l'article *repos*.

Lafuma Paris, 1963	Brunschvicg Paris, 1897	Lafuma Paris 1952	Sellier Paris, 1976	Port-Royal Paris, 1670
429	229	13	682	64
449	556	17	690	27
460	544	302	699	
464	419	18	703	
516	880	793	452	
520	375	290	453	
533	331	196	457	326
597	455	141	494	
599	908	843	496	*244
622	131	160	515	
641	129	163	529	
661	81	633	544	316
697	383	706	576	284
757	212	152	626	242
811	741	467	658	
889	165	156	445	280
916	920	830	746	
918	459	720	748	
924	498	744	753	
988	488	308	809	

LE CONCEPT DE L'INFINI DANS LES *PENSÉES* DE PASCAL

1. Mon sujet n'est pas facile à traiter. Il nous introduit dans une discussion qui côtoie constamment l'inintelligible, parce que ce dont nous parlons n'a aucun support dans l'imagination et l'expérience des sens. Les questions habituelles touchant l'existence, la nature, les propriétés de l'objet que nous considérons deviennent indécidables – c'est une opinion assez communément reçue – ou si l'on persiste, on a l'impression comme nulle part ailleurs de n'avancer qu'à tâtons. Mais si nous voulons comprendre la pensée et les *Pensées* de Pascal, il n'y a pas moyen d'esquiver le sujet. Je me risque donc à proposer quelques réflexions sur sa manière de concevoir et d'appliquer cette idée de l'infini.

2. Pour commencer je crois que le lieu classique est le fragment intitulé " Disproportion de l'homme ". Je n'ai pas besoin de reprendre les détails et les péripéties de cette évocation panoramique de la nature. Qu'il me suffise de lire la volée de paradoxes qui y sert de conclusion :

> […] car qui n'admirera que notre corps, qui tantôt n'était perceptible dans l'univers imperceptible lui-même dans le sein du tout, soit à présent un colosse, un monde, ou plutôt un tout à l'égard du néant où l'on ne peut arriver …
>
> Car enfin qu'est-ce que l'homme dans la nature ? Un néant à l'égard de l'infini, un tout à l'égard du néant, un milieu entre rien et tout, infiniment éloigné de comprendre les extrêmes ; la fin des choses et leurs principes sont pour lui invinciblement cachés dans un secret impénétrable.
>
> Également incapable de voir le néant d'où il est tiré et l'infini où il est englouti (La. 199, p. 526 – Br. 72).

Essayons de voir où nous en sommes et où nous allons après ce texte, qui traite en particulier l'infini dans la *nature*. Premièrement Pascal a fait apparaître à l'esprit et à l'imagination de son lecteur la nature entière, et il l'a meublée, pour ainsi dire, d'une façon assez singulière : elle est pleine d'univers, et chacun de ces univers se trouve à l'intérieur d'un autre univers, tous étant arrangés sur une échelle de grandeur et de petitesse. Deuxièmement, à l'un des bouts de cette échelle – mais distinct de ce bout – Pascal situe le *néant*. C'est une sorte de zéro de masse, dont on peut approcher mais qui ne se laisse jamais atteindre, car la matière est divisible à l'infini. A l'autre extrémité de l'échelle il met le *tout*, qui ne se confond pas non plus avec l'échelle ; comme le néant, le tout semble présupposer une discontinuité et fonctionne comme une limite à laquelle on ne peut arriver. Troisièmement notons que l'homme est situé à l'un des points de cette échelle ; il est toujours *in medias res*, si on peut parler d'une position moyenne quand on se trouve à l'intérieur d'une succession sans fin de grandeurs et d'univers. Les images choisies par Pascal, qui nous invitent à regarder en haut vers un abîme et en bas vers un autre abîme, nous donnent le vertige ; nous avons l'impression de perdre pied. Je suis persuadé que Pascal aurait approuvé cette réaction, et qu'il aurait sans doute partagé le sentiment d'un philosophe récent qui a affirmé que le vertige est la première condition de toute pensée métaphysique digne de ce nom.

On pense aussi à l'échange qui a eu lieu entre William James et une vieille dame, à la fin d'une conférence au cours de laquelle James avait expliqué le système de Copernic et les révolutions de la terre autour du soleil. La dame – pourquoi toujours une dame ? Un vieil homme aurait fait notre affaire – la dame a levé la main, et a dit après avoir été reconnue, « Vous vous rendez compte, n'est-ce pas Docteur James, qu'en réalité la terre repose sur le dos d'une grande tortue ? » Après un sourire James lui a demandé patiemment : « Mais cette tortue, Madame, sur quoi repose-t-elle ? » « Sur une autre tortue », lui a-t-elle répondu : « Ce sont des tortues jusqu'au fond » – « It's turtles all the way down. » En un certain sens l'anecdote nous aide à comprendre la conception que Pascal se fait de la nature – mais il faut ajouter que pour lui il y avait des univers jusqu'au néant en bas *et* jusqu'au tout dans la direction opposée.

3. Je voudrais maintenant passer à l'opuscule incomplet mais fascinant que nous connaissons sous le titre, " De l'esprit géométrique ". Ce qui se dit au milieu de la première section de ce texte nous permet de situer dans une perspective plus large les vues exprimées dans le fragment " Disproportion de l'homme ", et effectivement, de voir ce que Pascal aurait fait dans une discussion complète de la nature et du principe de l'infini. Ici, il est en train de parler du mouvement, du nombre, et de l'espace.

> Ces trois choses, qui comprennent tout l'univers selon ces paroles : *Deus fecit omnia in pondere, in numero, et mensura* [Sap. XI, 21], ont une liaison réciproque et nécessaire. Car on ne peut imaginer de mouvement sans quelque chose qui se meuve ; et cette chose étant une, cette unité est l'origine de tous les nombres ; enfin le mouvement ne pouvant être sans espace, on voit ces trois choses enfermées dans la première. Le temps même y est aussi compris : car le mouvement et le temps sont relatifs l'un à l'autre ; la promptitude et la lenteur, qui sont les différences des mouvements, ayant un rapport nécessaire avec le temps (La. p. 351 – Br. 537).

Voici maintenant une surprise que Pascal nous a réservée : « Ainsi il y a des propriétés communes à toutes ces choses, dont la connaissance ouvre l'esprit aux plus grandes merveilles de la nature. La principale comprend les deux infinités qui se rencontrent dans toutes : l'une de grandeur et l'autre de petitesse » (La. p. 351 – Br. 537). Suit une série de quatre paragraphes, d'une symétrie grammaticale parfaite, dans lesquels il montre le double infini dans les quatre objets de la nature. Je citerai seulement les deux phrases qui traitent du nombre et de l'espace :

> [...] quelque grand que soit un nombre, on peut en concevoir un plus grand, et encore un qui surpasse le dernier ; et ainsi à l'infini, sans jamais arriver à un qui ne puisse jamais être augmenté. Et, au contraire, quelque petit que soit un nombre, comme la centième ou la dix-millième partie, on peut en concevoir un moindre, et toujours à l'infini, sans arriver au zéro ou néant (La. p. 352).

Et le paragraphe sur l'espace :

> De même que quelque grand que soit un espace on peut en concevoir un plus grand, et encore qui le soit davantage ; et ainsi à l'infini, sans arriver jamais à un qui ne puisse plus être augmenté. Et, au contraire, quelque petit que soit un espace, on peut encore en considérer un moindre, et toujours à l'infini, sans jamais arriver à un indivisible qui n'ait plus aucune étendue (La. p. 352).

Il est évident que ces deux phrases expriment sous une forme abstraite le cadre à l'intérieur duquel Pascal a élaboré le fragment sur la disproportion de l'homme. Dans les *Pensées* il ne développe que les thèmes du nombre et de l'espace. En étudiant son concept de l'infini dans son application à la nature, il ne faut pas cependant oublier l'intuition fondamentale de Pascal : chacun des quatre aspects des choses est soumis à la loi des deux infinis ; et, comme le montrent les ligne suivantes, Pascal a vu que la disproportion de l'homme pourrait être présentée et orchestrée à partir de toutes les dimensions de la nature :

> Mais ceux qui verront clairement ces vérités pourront admirer la grandeur et la puissance de la nature dans cette double infinité qui nous environne de toutes parts, et apprendre par cette considération merveilleuse à se connaître eux-mêmes, en se regardant placés entre une infinité et un néant de mouvement, entre une infinité et un néant de temps. Sur quoi on peut apprendre à s'estimer à son juste prix, et former des réflexions qui valent mieux que tout le reste de la géométrie (La. pp. 354-55).

Ces affirmations établissent, nous venons de le dire, le cadre de référence qui détermine la façon dont Pascal va concevoir la nature : elles définissent, en effet, une espèce de physique mathématique. Kepler et Galilée découvrent des ellipses et des séries numériques dans les phénomènes naturels (je pense à leurs conclusions touchant les mouvements des planètes et la chute des corps, respectivement). Pascal, lui, insiste sur la présence dans la nature de quatre séries doublement infinies. Et, au surplus, il est intéressant de noter que Kepler, Galilée et Newton ont formulé des lois pour les corps en mouvement, tandis que Pascal, dans ses expériences avec les liqueurs, vérifie inlassablement la tendance des corps à entrer dans les équilibres. Ce qui le fascine semble être la statique plutôt que la dynamique.

4. Mais revenons aux *Pensées*, et à la science qui est propre à l'homme :

> L'homme est visiblement fait pour penser. C'est toute sa dignité et tout son mérite : et tout son devoir est de penser comme il faut. Or, l'ordre de la pensée est de commencer par soi, et par son auteur et sa fin.
>
> Or, à quoi pense le monde ? Jamais à cela, mais à danser, à jouer du luth, à chanter, à faire des vers, à courir la bague etc … , et à se battre, à se faire roi, sans penser à ce que c'est qu'être roi et qu'être homme (La. 620 – Br. 146).

En cherchant à répondre à ces questions, nous apprenons bientôt que la misère et la grandeur sont les pôles entre lesquels oscillent les actions et les pensées des hommes ; et que cette oscillation atteste le fait que l'homme, fini par sa nature, a des désirs transnaturels, des aspirations vers une vérité non brisable et vers un bien absolument saturant. L'infini reparaît, vous le voyez, dans le courant central de la pensée pascalienne – mais sous une forme très différente de ce que nous avons trouvé jusqu'ici. Il n'est pas dans le contexte mathématique ou physique : ici le concept de l'infini est transféré sur un terrain qu'on pourrait appeler métaphysique et théologique, où il ne désigne plus une suite, une succession sans limites mais un être sans limites. En outre, il semble que le sort de l'homme, qui sait que son être n'est pas tel, soit de désirer et de rechercher un tel être.

Pascal vient de nous dire que nous ne pensons pas assez à ce que c'est qu'être roi, et qu'être homme. Ensuite, il nous affirme que l'homme est, en fait, un roi – dépossédé ; et que si l'on veut comprendre l'état présent de la nature et de l'existence humaines, la clef est à chercher dans la doctrine du péché originel, par lequel nous avons perdu notre royaume. Mais comment un être humain, fini, n'ayant pas encore la foi, peut-il s'y prendre pour rejoindre le Dieu qu'il a perdu ? Dans le fragment intitulé " Infini rien ", Pascal donne une des réponses possibles à cette question, réponse qui contient un développement et un entrelacement extraordinaire de deux thèmes de la série infinie et de l'être infini.

5. « Cela est démonstratif », écrit Pascal à la fin du pari, « et si nous sommes capables de quelque vérité, celle-là l'est. » Et son interlocuteur d'enchaîner : « Je le confesse, je l'avoue » – s'établissant à jamais,par cette réponse immédiate, comme un personnage implausible. Heureusement il n'est peut-être pas nécessaire d'avoir ce degré-là de perspicacité pour comprendre les grandes divisions et le sens général de l'argument, et pour montrer le rôle joué dans le fragment par le concept de l'infini.

L'analyse que je présenterai dépend de trois propositions : 1) Les deux sens fondamentaux – série infini et être infini – paraissent tout le long du fragment ; 2) Dans la première partie de l'argument Pascal concentre son attention sur un *être*, et par le principe de l'infini nous démontre que Dieu est inconnaissable – comme on dirait en anglais : " demonstrably unknowable " ; 3) Dans la seconde moitié de l'argument, il se concentre sur des *séries*, et par le principe de l'infini démontre qu'une attitude positive à l'égard de la foi n'est pas opposée à la raison – en anglais : " demonstrably attractive ". Pascal nous invite donc à méditer sur un objet que nous ne pouvons pas connaître par raison, mais sur lequel – et toujours par la raison – nous pouvons parier.

Au début du fragment nous avons l'impression de lire des improvisations – un peu comme le prélude épistémologique avant la fugue apologétique. Voici la deuxième phrase : « L'unité jointe à l'infini ne l'augmente de rien, non plus que un pied a une mesure infinie » (La. 418 – Br. 233). Ce sont évidemment des affirmations axiomatiques dans le domaine de l'arithmétique. Adoptant bientôt un vocabulaire plutôt théologique, Pascal indique une ressemblance et une différence : « Ainsi notre esprit devant Dieu, notre esprit devant la justice divine. Il n'y a pas si grande disproportion entre notre justice et celle de Dieu qu'entre l'unité et l'infini » (La. 418, p. 550 – Br. 233). « Ainsi notre esprit devant Dieu » – cette expression fixe le contexte de l'argument qui va se poursuivre dans la suite de cette page. Pour résumer: nous sommes parfaitement disproportionnés aux objets ayant de l'étendue (le signe de l'*existence)* et des bornes ou limites (les signes de la *nature)* ; si, dans le cas de l'infini numérique, les bornes sont supprimées, nous pouvons toujours affirmer son existence ; si, comme dans le cas de Dieu, l'étendue et les bornes sont supprimées, il ne reste rien de commun entre le sujet connaissant et l'objet à connaître : nous ne pouvons atteindre ni l'existence ni la nature d'un tel être.

6. Nous ne le pouvons que si nous avons recours à des secours surnaturels. Pascal le dit ainsi : « Mais par la foi, nous connaîtrons son *existence*, par la gloire nous connaîtrons sa *nature.* ». Tout est en place pour l'émergence du pari ; et ce n'est pas par hasard que nous voyons apparaître en même temps l'interlocuteur sceptique qui n'a pas la foi. Pascal lui montre qu'il ne peut pas éviter le choix entre l'existence ou l'inexistence de Dieu ; et le reste de l'argument est destiné à prouver qu'il n'est pas contraire à la raison d'opter pour l'affirmative. Entrant dans les détails du pari, Pascal fait ressortir l'importance du gain possible, l'insignifiance de ce qu'on risque, les possibilités de gains favorables. Le caractère de n'importe quel pari dépendrait de ces conditions générales. Ici le tour particulier de l'argument est dû à la manière dont Pascal joue avec les termes opposés *fini* et *infini*. En spécifiant les hasards, les gains possibles et ce qui est risqué par rapport à ces notions générales, Pascal invente un double argument *a fortiori* : 1) Si les hasards étaient moins favorables – même une chance de gain contre un nombre infini de chances de perte – vous devriez parier ; en réalité il y a une chance de perte et une chance de gain : pariez donc sans hésiter ; 2) Si le gain possible était fini (disons deux ou trois vies); vous feriez bien de parier ; en réalité le gain possible est infini ; pariez donc de nouveau sans hésiter. Surtout parce que – et c'est à vrai dire un troisième *a fortiori* – parce que ce que vous risquez, une vie, est fini et se réduit finalement à zéro par l'axiome énoncé au début du fragment : le fini s'anéantit en présence de l'infini et devient un pur néant. (Il est vrai que ce principe ne semble pas gêner Pascal quand il évoque l'opposition entre une possibilité de gain et la possibilité d'un nombre infini de chances de perte.) Notons encore, en passant, que les valeurs relatives des termes *fini – infini* sont renversées quand on considère les hasards après les gains. En parlant de *gains*, Pascal trouve plus de force persuasive du côté de l'infini ; dans le cas des *hasards*, le fini l'emporte sur l'infini. Je me risque à parier que Pascal appréciait ce paradoxe !

La deuxième moitié du fragment est semée d'expressions contenant le mot *infini*. Je me contenterai ici de dire que la langage est surtout de nature numérique et sérielle. Les chances de perte peuvent être calculées, elles peuvent aller jusqu'à l'infini : voilà une série ; les gains ou vues à perdre ou à gagner vont de une, à deux, à trois, jusqu'à une quantité sans limite de vie ; en voilà une autre ; l'infini spatial même paraît sous la forme de " l'infinité de la distance " à propos de certaines oppositions logiques (par exemple, entre la certitude de gager et la certitude de perdre). Mais l'infini que nous rencontrons dans le dernier paragraphe du fragment se détache nettement de tous les cas que je viens de mentionner. L'interlocuteur vient de s'exclamer, « O ce discours me transporte, me ravit, etc ..., » ce qui amène cette réponse :

> Si ce discours vous plaît et vous semble fort, sachez qu'il est fait par un homme qui s'est mis à genoux auparavant et après, pour prier cet être infini et sans parties, auquel il soumet tout le sien, de se soumettre aussi le vôtre pour votre propre bien et pour sa gloire ; et qu'ainsi la force s'accorde avec cette bassesse (La. 418, p. 551 – Br. 233).

" Cet être infini et sans parties " – on voit la reprise du vocabulaire géométrique, mais Pascal s'en sert evidemment dans un contexte apophatique : Dieu n'a ni étendue, ni bornes, il est donc immatériel, inconnaissable ; et quand Pascal nous dit que Dieu est un être sans parties – c'est-à-dire indivisible – il supprime toute possibilité de concevoir Dieu comme membre d'une série. Par ces négations, Pascal quitte le terrain de la quantité pour s'installer sur le plan de la qualité et de la théologie. Mais la chose la plus significative, c'est sans doute le fait que l'on peut – doit – aller jusqu'à se soumettre à cet être, jusqu'à le prier – car le principe infini est une personne.

Nous voudrions tous éviter l'erreur qui consiste à penser que le pari nous révèle la façon dont Pascal définit la foi. Le pari ne produit pas la foi, n'amène pas la grâce. C'est un pas en avant dans le chemin qui peut conduire à la foi. Il nous persuade de *penser comme si,* et pris avec une ferme disposition morale d'*agir comme si,* il met le chercheur dans une posture favorable à la reception du don de la foi. Les aspirations transnaturelles de la créature humaine sont éclaircies maintenant et orientées vers la fin où elles retrouveront enfin leur repos, si Dieu le veut.

7. Nous arrivons à notre dernier texte et à notre dernière question. N'y a-t-il pas un mouvement d'en haut qui correspond aux efforts du chercheur et à la posture inchoativement religieuse qui en résulte ? Que dit Pascal de l'initiative divine et du mystère de l'inspiration ? Il traite ces problèmes d'une manière théorique et dogmatique dans les écrits inachevés sur la grâce. Là il construit ses arguments dans la perspective symétrique d'une controverse : les vues des Calvinistes et des Molinistes, présentées comme des positions extrêmes et tyranniques, doivent être ramenées à l'équilibre par la doctrine de saint Augustin. Mais l'essence de la chose et le fondement de tout le reste réside dans une expérience personnelle. Au début du fragment sur le pari, Pascal assigne deux attributs à Dieu : la justice et la miséricorde ; tous les deux sont infinies. L'idée de la justice infinie plane sur la discussion du pari, fournit des preuves à l'apologiste, et entraîne le jugement de l'interlocuteur. Dans le document du Mémorial il me semble que le principe décisif est plutôt la miséricorde, cette bonté inconcevable qui rend possible une rencontre entre le créateur et sa créature.

Dans le fragment A. P. R. nous lisons : « Incroyable que Dieu s'unisse à nous » (La. 149, p. 521 – Br. 430). Étant donné les idées de Pascal sur la disproportion de l'homme par rapport à l'infini, on s 'attendrait à trouver dans la suite du passage une défense de cette proposition. Mais non : il s'indigne : « Car je voudrais savoir d'où cet animal qui se connaît si faible a le droit de mesurer la miséricorde de Dieu et d'y mettre les bornes que sa fantaisie lui suggère » (La. 149, p. 521). Après tout, l'homme possède des facultés qui sont au moins partiellement efficaces. La réflexion de Pascal se poursuit :

> Donc, si [l'homme] voit quelque chose dans les ténèbres où il est et s'il se trouve quelque sujet d'amour parmi les choses de la terre [toujours l'attraction *a fortiori* inhérente à la pensée hiérarchique de Pascal], pourquoi si Dieu lui découvre quelque rayon de son essence, ne sera-t-il pas capable de le connaître et de l'aimer en la manière qu'il lui plaira de se communiquer à nous ? (La. 149, p. 521 – Br. 430).

" Si Dieu lui découvre quelque rayon de son essence " : on est autorisé, je pense, à rapprocher ces mots de ce qui est arrivé à Pascal dans la nuit du 23 novembre 1654. Il est tout à fait inutile de vous rappeler le texte du Mémorial. Mais permettez-moi de vous lire un fragment qui le commente avec une précision , une puissance qui ne laissent rien à désirer :

> Le Dieu des chrétiens ne consistent pas en un Dieu simplement auteur des vérités géométriques et de l'ordre des éléments : c'est la part des païens et des épicuriens. [Voilà, si je ne me trompe pas, une allusion au " Dieu des philosophes et des savants " du Mémorial] ... Mais le Dieu d'Abraham, le Dieu d'Isaac, le Dieu de Jacob, le Dieu des chrétiens, sert Dieu d'amour et de consolation ; c'est un Dieu qui remplit le cœur de celui qui le possède ; c'est un Dieu qui leur fait sentir

intérieurement leur misère, et sa miséricorde infinie ; qui s'unit au fond de leur âme ; qui la remplit d'humilité, de joie, de confiance, d'amour, qui les rend incapables d'autre fin que de lui-même (La. 449, p. 558 – Br. 556).

Voilà comment Dieu résoud le problème de la disproportion, surmonte la disparité infinie dans l'être, et se rend présent à l'une de ses créatures – lui parle même : on sait que reprenant quelques mots du Psaume 118, Pascal écrit à la fin de son extase, *Non obliviscar sermones tuos :* " je n'oublierai pas tes paroles ".

Le sens de la présence de Dieu et d'une communion avec lui est accompagné par la crainte d'une séparation. « Mon Dieu me quitterez-vous ? » suivi immédiatement de « Que je n'en sois séparé éternellement », et encore « que je n'en sois jamais séparé » (Selon Gilberte Périer les derniers mots de Pascal étaient « Que Dieu ne m'abandonne jamais ! »). " Éternellement " posé en étroite corrélation avec " jamais " : c'est une variation sur un thème que nous avons vu dans le pari, dans la " Disproportion de l'homme ", dans " De l'esprit géométrique " : le thème du temps sans limite. Un peu plus loin le thème reparaît : « Cette vie est la vie éternelle, qu'ils te connaissent seul vrai Dieu et celui que tu as envoyé, Jésus-Christ. » ; et encore une fois dans l'avant-dernière ligne : « Éternellement en joie pour un jour d'exercice sur la terre » – opposition qui nous observe avec des regards familiers, car c'est un de ces exemples où le fini s'anéantit en présence de l'infini.

8. Essayons maintenant de voir et de dire par où nous sommes passés. Nous avons analysé et commenté les textes sur la disproportion de l'homme, sur l'esprit ou la méthode de la géométrie sur le pari, et sur l'expérience extatique de novembre 1654. Dans chaque cas Pascal a recours au principe de l'infini. On aurait pu s'attendre à des variations sur une idée indépendante, souveraine, intangible. Mais voici le paradoxe que je voudrais vous soumettre : ce qui est sans limites chez Pascal a des limites. Le concept de l'infini ne préside pas sans qualification au mouvement de son discours. C'est un facteur dépendant, conçu et utilisé en fonction de deux manières distinctes de penser, soyons plus précis, de deux arts de penser, avec tout ce qui s'ensuit de ce fait sur des points essentiels : règles ou modes de définition, choix de point de départ, procédés techniques, buts.

La première de ces manières de penser, que Pascal a apprise dans ses études mathématiques et particulièrement dans la géométrie, est foncièrement analytique. Il s'en sert sous sa forme pure quand il compose ses traités d'arithmétique et de géométrie ; il en fait une application spécifique dans ses recherches sur les phénomènes naturels : là où elle devient une méthode empiriométrique. En général cette manière de penser ou de raisonner est linéaire ou aspire à l'être ; Pascal envisage les objets qu'il traite comme s'ils incarnaient, pour ainsi dire, des séries. Du point de vue méthodologique, sa tendance fondamentale le pousse ou bien à décomposer les complexes mathématiques ou scientifiques dans leurs moindres parties, ou bien – et c'est le revers de la médaille – à construire des séries à partir d'éléments qui ont déjà été distingués. Il se propose de rendre explicite les suites, les longues successions ininterrompues qui se cachent dans les quantités abstraites, dans la nature, dans le discours. Je dis " longues successions " – et voilà le genre d'infini qui appartient en propre à sa manière de penser. Elle est ouverte à l'un de ses bouts dans le discours démonstratif qui naît des données mathématiques ou physiques, car le penseur part d'axiomes et de définitions univoques pour initier et parcourir une chaîne sans limite de propositions et de preuves. Mais elle peut être ouverte aux deux bouts: si le penseur considère les données quantitatives et physiques en elles-mêmes plutôt que comme entrant dans la suite du discours scientifique, il se trouve en la présence du double infini, où il n'y a de limite ni en avant ni en arrière.

9. La seconde manière de penser, que Pascal semble avoir apprise dans la Bible et dans les œuvres de saint Augustin, est de nature dialectique. Pascal s'en sert dans sa forme presque pure dans les *Pensées*, mais elle paraît dans d'autres endroits – dans la correspondance, dans les œuvres sur la grâce et la conversion, dans l' " Entretien avec M. de Saci ". La fonction caractéristique de ce deuxième mode est d'assimiler, d'équilibrer, de réconcilier ; son champ d'application est universel, contenant l'homme aussi bien que la quantité et la nature, et embrassant tous les trois dans un seul regard, qui est finalement celui de Dieu. Ces objets divers se présentent à l'esprit de Pascal comme des incarnations de contrariétés. Ici la tendance principale, quant à la méthode, c'est 1) d'abord de rendre aussi claire et aussi frappante que possible une opposition : continu / discontinu, dans la quantité ; petit / grand dans la nature ; misérable / orgueilleux dans l'homme ; Ancien Testament / Nouveau Testament dans la Bible ; caché / révélé ou juste / miséricordieux en Dieu ; et 2) ensuite de trouver le moyen de résoudre la tension qui en résulte. Au moment convenable il dévoile un principe ou un être compréhensif, grâce auquel toutes les contradictions peuvent être accordées et toutes les tendances au mouvement, au conflit, peuvent trouver dans un équilibre leur point de repos. Ce principe ou cet être exclusif est la forme typique sous laquelle l'*infini* se présente dans sa manière de penser. Dans le mode analytique il peut y avoir deux infinis ; ici il n'y en a qu'un. En général l'absence dans un fragment du deuxième infini est le signe de la présence du mode dialectique, qui se nourrit surtout de la distinction entre *le* fini et *l*'infini (au singulier). Dieu étant conçu dans ce mode, il est à la fois justice et miséricorde, caché et révélé, au dehors de nous et en dedans de nous ; il est à la fois l'auteur de l'homme et sa destination, la fin et le moyen qui conduit à cette fin, puisqu'il nous donne Jésus-Christ et la foi. A la lumière de cette option logique nous comprenons mieux ce qui se passe dans le *Mémorial* : c'est un contact entre l'infini et le fini procuré ou médiatisé par la grâce.

Les arrangements sériels préférés dans le mode analytique disparaissent ici pour laisser la place au grand schéma hiérarchique. Le fragment sur les trois ordres établit non une série mais une triple distinction d'êtres et de niveaux d'être. Il est intéressant, néanmoins, de voir Pascal écrire que la distance entre l'ordre des corps et l'ordre de l'esprit et de la charité est infiniment plus infinie. L'emploi ici d'un vocabulaire où figure le plus et le moins fournit un bel exemple, je crois, de la coopération possible entre l'analyse et la dialectique.

Car les deux techniques intellectuelles ne sont pas séparées hermétiquement l'une de l'autre dans l'esprit de Pascal. On rencontre dans les *Pensées* et ailleurs des interférences, des mélanges, des développements prolongés du mode analytique au sein de la dialectique pascalienne et vice versa. Mais, en dépit de certaines ressemblances et des exemples de coopération locale entre les deux approches, je crois que nous sommes finalement obligés de dire que les différences restent essentiellement intactes. Accordons à Pascal le dernier mot à ce sujet : « Le cœur a son ordre, l'esprit a le sien, qui est par principe et démonstration » (La. 298 – Br. 283). Et dans le même fragment, quelques lignes plus loin, Pascal définit avec une merveilleuse concision l'ordre du cœur et de la charité : « Cet ordre consiste principalement à la digression sur chaque point qui a rapport à la fin, pour la montrer toujours » (La. 298 – Br. 283). En fin de compte il n'y a pas de doute dans l'esprit de Pascal sur le rang qu'on devrait assigner aux deux méthodes. Vous connaissez la phrase de la lettre écrite en 1660 à Fermat :

> Car pour vous parler franchement de la géométrie, je la trouve le plus haut exercice de l'esprit ; mais en même temps je la connais pour si inutile que je fais peu de différence entre un homme qui n'est que géomètre et un habile artisan. Aussi je l'appelle le plus haut métier du monde, mais ce n'est qu'un métier ... (La. p. 282).

10. Je dois m'arrêter, dans ces réflexions plutôt préliminaires et provisoires, sur la question de l'infini chez Pascal. Elles demandent à être reprises et complétées dans leurs rapports non seulement avec les *Pensées* mais aussi avec les autres œuvres. J'ai voulu faire trois choses ici : 1) rappeler la diversité des contextes – géométrique, physique, épistémologique, moral, théologique, personnel – dans lesquels la notion de l'infini a un rôle important à jouer ; 2) distinguer deux pôles autour desquels les différents emplois du terme tendent à se grouper ; et 3) indiquer l'origine de ces deux directions sémantiques dans certaines intuitions initiales de Pascal au sujet des objets qui doivent retenir son attention, des manières dont il doit les considérer, et du langage – tour à tour univoque ou analogue – qu'il doit utiliser pour définir ses projets et pour exprimer sa pensée.

Hugh Davidson The University of Virginia

LA PERFECTION CHRÉTIENNE DANS LA SPIRITUALITÉ DE PASCAL

Vu la place de grande importance qu'occupe l'idée de la perfection dans la pensée occidentale et surtout dans la pensée chrétienne, il n'est pas étonnant de la retrouver dans la très riche thématique pascalienne. Nous n'allons pas rappeler ici les multiples avatars de cette idée de perfection, ni nous attarder à des définitions subtiles que les philosophes se plaisent à établir [1]. Notre tâche consistera à évoquer et à commenter quelques textes qui nous permettrons de cerner les contours de ce thème qui couronne la spiritualité de Pascal. C'est Ernest Renan qui a dit que « le parfait est le centre de gravitation de l'humanité » [2]. Pascal avait dit trois siècles plus tôt, « les hommes désirent naturellement ce qui est le plus parfait » [3]. Ces maximes pourraient servir d'épigraphes à ces pages qui ne contiendront que l'ébauche de ce thème dont les ramifications se trouvent partout dans l'œuvre de Pascal.

S'il ne peut être question ici de rechercher toutes les traces de cette idée qui semble imprégner la vie et l'œuvre de Pascal, il convient cependant de nous arrêter un moment devant la machine arithmétique pour dégager une première définition dont l'utilité sera évidente par la suite. Dans une lettre à Christine de Suède datant de juin 1652, Pascal parle de ces inventeurs qui « veulent porter eux-mêmes [leur " production nouvelle "] à la dernière perfection » (La. p. 279). On se souvient des grands efforts qu'a faits le jeune Pascal (vers les années

[1] Cf. John PASSMORE, *The perfectibility of Man*, London, Duckworth, 1970, 396 p.

[2] *Le Petit Robert*, art. " parfait ".

[3] Blaise PASCAL, *Œuvres Complètes*, éd. Louis Lafuma, Paris, Éditions du Seuil, 1963 (Collection l'Intégrale), p. 280. Toutes nos références renverront à cette édition en indiquant le numéro d'ordre des *Pensées* ou la page.

1642–43) pour perfectionner sa machine pour laquelle il avait fait construire plus de cinquante prototypes. Il dit n'avoir épargné ni temps, ni peine, ni dépense pour la perfectionner (La. p. 189) et dans la *Vie de son frère*, Gilberte Pascal affirme qu'il « fut deux ans à [la] mettre dans la perfection où [elle] est à présent » [4]. Comment définir cette perfection qu'il recherchait ? Pour " réduire en mouvement réglé toutes les opérations de l'arithmétique " (La. p. 189) et pour avoir le maximum d'utilité, la machine idéale devait posséder une liste impressionnante de qualités : elle devait être commode, prompte ou rapide, facile à manipuler, infaillible, solide et portative (La. pp. 188-90). Pour atteindre ce but, le problème technique à surmonter est évident : il fallait trouver un maître ouvrier capable de la construire ; tout compte fait un projet des plus difficiles à réaliser, exigeant de la part de Pascal, courage, ténacité, concentration d'esprit - qualités dont on entend l'écho dans l'*Avis* où il rappelle « les chemins qu'[il] a suivis pour venir à [son] but » (La. p. 189). Au bout de ce long chemin et d'immenses efforts, il possède enfin un beau modèle qui atteint une perfection paradoxale : pour la rendre plus simple (c'est-à-dire plus parfaite), il a fallu construire une machine d'un mouvement plus compliqué (La. p. 190). Voilà donc une réussite dans l'ordre de la perfection de la technique : faire coïncider le dessein et son exécution, marier la théorie avec l'art. Autrement dit, construire une machine à laquelle il ne manquait rien pour correspondre en tous points au modèle idéal. C'est proprement la définition aristotélicienne de la perfection : un tout à laquelle il ne manque rien ou qui atteint la fin à laquelle ce tout est ordonné (*Méta.* , V, XVI, 1021b). C'est la perfection dite téléologique du grec *télos*, fin. La machine arithmétique nous servira donc comme symbole de la perfection pascalienne.

La machine arithmétique est perfectionnée vers les années 1647-48, ce qui est l'époque même de la " première conversion " de Pascal. Si nous nous transportons dans l'ordre de l'esprit, nous retrouvons à la même époque, la même recherche de la perfection. Dans sa *Vie de Pascal*, Gilberte parle de « cet amour pour la perfection [qui] s'enflamma de telle sorte dès l'âge de vingt-quatre ans [c'est-à-dire vers 1647] qu'il se répandit sur toute la maison » (La. p. 21). Perfection recherchée dans le domaine scientifique avec la Pascaline,

4 Blaise PASCAL, *Œuvres Complètes*, t. I, éd. J. Mesnard, Paris, Desclée de Brouwer, 1964, p. 577. Sur la machine arithmétique, voir les *Œuvres Complètes*, t. II, éd. J. Mesnard, pp. 313-41, 711-15 et 1008-09.

perfection recherchée dans l'ordre spirituel dès la première conversion. Il n'est peut-être pas exagéré de prétendre que Pascal plaça sa vie et son œuvre sous le signe de la perfection et que celle qu'il cherchait à atteindre dans sa propre vie est celle même qu'il entendait proposer au destinataire de l'*Apologie*, c'est-à-dire la perfection dont les éléments se reflètent dans les fragments des *Pensées*.

Avant d'aborder le contexte spirituel, j'ouvre une petite parenthèse pour situer le mot parfait et ses dérivées dans les *Pensées*. La concordance nous révèle une trentaine d'exemples où figurent *parfait, parfaite, parfaitement, se perfectionner, perfection* au singulier et au pluriel et *degré de perfection*. Un exemple : selon Pascal on peut distinguer deux éléments dans les religions : l'extérieur et l'intérieur. La religion chrétienne est parfaite précisément parce qu'elle est " mêlée d'extérieur et d'intérieur " (La. 219). Les deux éléments sont indispensables à une religion " proportionnée à tous ", car elle " n'est pas parfaite sans les deux " (La. 219). Un autre exemple : si l'on pouvait réunir les deux personnes sortant de la confession, l'un dans la joie et l'autre dans la crainte, " on ferait un bon " (La. 712), dit Pascal. Il s'agit là d'un véritable principe de sa pensée, car il conclut, " cela arrive de même souvent en d'autres choses " (La. 712) [5]. D'après ces exemples on voit que la chose parfaite est celle à laquelle il ne manque rien : tous les éléments sont réunis pour former un tout complet. Il y a l'idée de totalité, d'intégrité, de plénitude ; la perfection, c'est une réunion de toutes les qualités concevables portées à leur plus haut degré de développement. C'est en fait le premier sens distingué par saint Thomas qui reprend la définition d'Aristote citée plus haut : est parfait ce qui a toutes ses parties, qui forme un tout complet. Le deuxième sens thomiste n'est qu'une autre façon d'envisager la chose : est parfait ce qui a abouti à une opération visant à atteindre son but, un objectif, une fin (*Summa theologica,* Prima pars, q. 73, art. 1). Ce sont là les deux sens que nous avons dégagés des remarques sur la machine arithmétique et qui se retrouveront dans le contexte spirituel que nous allons étudier maintenant.

*
* *

[5] Cf. par exemple La. 733 et 786.

Pour évoquer l'acception spirituelle du terme tel qu'il paraît dans un contexte spirituel, citons la lettre du premier avril 1648 (adressée par Blaise et Jacqueline à leur sœur Gilberte), où il s'agit de la perfection chrétienne. En parlant de ces grandes vérités qu'il faut constamment réaffirmer, Blaise et Jacqueline écrivent que l'on doit « sans cesse aspirer à se rendre digne de faire partie du corps de Jésus-Christ » (La. p. 273). Sinon, l'on accepte « une perfection bornée parce que la perfection du monde est aussi bornée ». Autrement dit, la perfection sans bornes, absolue, n'est pas de ce monde. Voici l'essentiel de ce texte : « Les enfants de Dieu ne doivent pas mettre de limite à leur pureté et à leur perfection, parce qu'ils font partie d'un corps tout divin et infiniment parfait ; comme on voit que Jésus-Christ ne limite pas le commandement de la perfection et qu'il nous propose un modèle où elle se trouve infinie, quand il dit : " Soyez donc parfait comme votre Père céleste est parfait " [Mt 5, 48] » (La. p. 273). Voilà trois notions essentielles qu'il faudra cerner dans les *Pensées* : 1) La perfection du monde est limitée, relative ; 2) Au chrétien le Christ propose Dieu comme modèle de la perfection à imiter et ce modèle est infini ; 3) Le Commandement de la Perfection (" Soyez donc parfait comme votre Père céleste est parfait "), contient une injonction à l'adresse du chrétien qui doit travailler inlassablement à se perfectionner, car dans cette ascension spirituelle, il faut monter toujours plus haut pour éviter de tomber. Notons que le Commandement de la Perfection (être parfait comme Dieu) renvoie directement au Précepte de la Charité qui est comme la pierre angulaire de la doctrine chrétienne : « Tu aimeras le Seigneur ton Dieu de tout ton cœur, de toute ton âme et de tout ton esprit » et « Tu aimeras ton prochain comme toi-même (Mt. 22, 37 ; Lc 10, 27). Nous trouverons par une définition circulaire que la perfection chrétienne, c'est remplir à la perfection le Grand Commandement [6].

Comment s'y prend-on pour s'approcher le plus possible de ce but situé à l'infini ? Quel chemin suivre : tout comme Pascal a parlé des chemins qu'il avait suivis pour produire une machine arithmétique parfaite, il faut que l'écrivain spirituel indique le chemin qui mène à la perfection. Après avoir rappelé la vieille métaphore employée par Épictète dans le contexte stoïcien (La. 140) et par Isaïe qui parle de la " voie parfaite " qu'enseignera le Messie à venir (La. 487), Pascal

[6] Notez aussi que les huit béatitudes (Mt 5, 1-12) qui précèdent le Commandement de la Perfection résument la perfection évangélique.

emploiera chemin et voie pour son propre compte [7]. Il écrit : Jésus est venu pour « [enseigner] aux hommes la voie parfaite » (La. 325), c'est-à-dire le chemin de la perfection. Il faut donc, dit Pascal, « [avoir] recours à ceux qui sauraient parfaitement ce chemin » (La. p. 291), le suivre jusqu'au bout pour connaître la " parfaite vertu " (le terme est de Pascal) enseignée par le christianisme. Il faut se faire montrer le chemin pour arriver à ce sommet de la spiritualité qu'est la perfection [8].

Parmi les guides possibles (à part la Bible qui est le livre de la perfection par excellence), il y a de nombreux " traités de la perfection " à la suite de sainte Thérèse et de son *Camino de perfección* (1563), émanant de milieux variés, entre autres de celui de Port-Royal dont Pascal connaissait les écrits spirituels dès l'époque de la lettre du premier avril 1648 déjà citée. Ces traités proliféraient au milieu du renouveau spirituel de la Contre-Réforme. On pense à l'*Introduction de la vie dévote* (1607) de saint François de Sales (lui-même surnommé le " Docteur de la Perfection "), le *Traité de l'Indifférence* (1638) d'Yves de Paris (il l'appelle un "racourcy de la perfection Chrestienne "), le *Chrestien intérieur* (1659) de Jean de Bernière Louvigny et les *Maximes des saints* (1698) de Fénelon. Dans tous ces ouvrages et dans beaucoup d'autres appartenant au même genre spirituel, sont développées certaines des notions que l'on trouvera inscrites dans les textes pascaliens, notions qui relèvent d'une même conception de la perfection chrétienne. C'est de quatre de ces thèmes que nous voulons maintenant présenter les éléments, glanés de-ci de-là dans les *Pensées,* afin de montrer un Pascal tributaire de ce grand courant de spiritualité. Ce faisant nous pourrons éclairer plusieurs fragments qui prennent un nouveau relief à la lumière de ce que j'appellerai les " thèmes de la perfection ", à savoir diminuer les passions, passer de l'amour de soi à l'amour de Dieu, céder aux événements, et accéder à l'état d'équilibre et de paix qui est la marque de l'âme jouissant d'un certain degré de perfection chrétienne. Nous allons dès maintenant commenter ces quatre thèmes.

[7] Sur la métaphore du chemin chez Pascal, voir Michel LE GUERN, *L'Image dans l'œuvre de Pascal,* Paris, A. Colin, 1969, pp. 21-22, 127-33.

[8] Saint Augustin emploie le mot *via* dans ce sens métaphorique. Cf. Philippe SELLIER, " La Rochefoucauld, Pascal, saint Augustin ", *Revue d'histoire littéraire de la France,* mai-août, 1969, p. 564.

*
* *

Pour reprendre notre question posée plus haut, quel est le chemin qui mène à la perfection ? Par où faut-il commencer ? Pascal l'indique très explicitement vers la fin du Pari où l'adversaire, convaincu intellectuellement qu'il faut croire, qu'il faut parier sur Dieu, proteste qu'il ne peut pas le faire. « Que voulez-vous donc que je fasse ? » (La. 418, p. 551) demande-t-il et Pascal lui vient en aide en disant : « Vous voulez aller à la foi, et vous ne savez pas le chemin » (La. 418, p. 551). Il explique : « votre impuissance à croire vient de vos passions » (La. 418, p. 551). Il faut donc travailler à les diminuer (notez qu'il n'est pas question de les extirper [cf. La. 410, 621]) La méthode proposée pour ce faire est celle qui s'est avérée efficace pour beaucoup de prosélytes, pour ceux précisément, dit Pascal, « qui savent [maintenant] ce chemin que vous voudriez suivre ... ». C'est l'abêtissement : « C'est en faisant tout comme s'ils croyaient, en prenant de l'eau bénite, en faisant dire des messes, etc. Naturellement même cela vous fera croire et vous abêtira » (La. 418, p. 551). Voilà la façon de diminuer les passions qui sont les grands obstacles à la foi (La. 418, p. 551), qui séparent le nouveau converti de Dieu (La. 433), qui l'empêche d'avancer vers la perfection. En un premier temps, il faut chercher à dégager l'âme des passions autant qu'il est possible dans cette vie. Le but de cette ascèse, c'est l'humilité du cœur purifié qui connaîtra la paix de l'amour-propre vaincu.

Voué à la charité, ce cœur nouveau est figuré par le patriarche Abraham, acteur dans un épisode de l'Ancien Testament que Pascal rappelle dans une pensée qui mériterait un long commentaire : c'est Lafuma 603 qui commence, « Abraham ne prit rien pour lui mais seulement pour ces serviteurs ... » [9]. A la suite de saint Paul, rappelant le type même du juste qui vit de la foi (voir Heb. 11, 8-19), Pascal fait allusion au récit de la *Génèse* où Abraham dit au roi de Sodome que seuls ses serviteurs prendront leur part, tandis que lui, Abraham ne prendra rien pour lui-même (Gen, 14, 23-24). Le sens de l'épisode est que l'approbation et les louanges ne touchent pas le juste ; elles ne sont que pour ses passions qui, comme des domestiques, sont entièrement soumises au maître. Domptées de cette façon, toutes les passions (même l'avarice, la jalousie et la colère) deviennent des

[9] Sur l'épisode d'Abraham cf. La. 326, 386 et 433.

vertus et « Dieu même se les attribue » (La. 603). Les passions de l'âme étant irréductibles, il faut les alimenter sobrement, mais tout en empêchant que l'âme en soit entachée. Ce de quoi les passions vivent, empoisonnent l'âme qui ne reste pas maîtresse. L'âme en voie de perfection, même engagée dans le monde, s'efforce de ne pas souffrir de la proximité de ses passions. Pascal souscrit donc à une théorie des passions augustinienne et thomiste : elles ne sont aucunement mortes, mais simplement maîtrisées par l'âme. Le juste *sub gratia,* les dompte et, ce faisant, réduit ce grand obstacle qui l'empêche de connaître Dieu (La. 326).

Cette première démarche de l'âme qui cherche la perfection correspond à la voie purgative traditionnelle : il s'agit d'une ascèse (du grec *askêsis,* exercice), d'une discipline entreprise en vue d'atteindre un but. Ce sont des exercices spirituels destinés à réformer et reformer celui qui les accomplit. Dans le *Mémorial* Pascal résume en une phrase lapidaire ce qu'il faut payer et ce qu'il espère gagner : " Éternellement en joie pour un jour d'exercice [ascèse] sur la terre " (La. 913).

A travers les réflexions sur la perfection apparaît toujours en filigrane l'opposition l'amour de soi / amour de Dieu. Les passions indomptées se nourrissent manifestement (on vient de le voir) d'un amour de soi illégitime. Diminuer les passions, c'est diminuer l'amour de soi – et vice versa. Pascal revient souvent sur le grand thème augustinien des deux amours. Citons une pensée parmi plusieurs : « Qui ne hait en soi son amour-propre et cet instinct qui le porte à se faire Dieu, est bien aveuglé. Qui ne voit que rien n'est si opposé à la justice et à la vérité. Car il est faux que nous méritons cela, et il est injuste et impossible d'y arriver, puisque tous demandent la même chose. C'est donc une manifeste injustice où nous sommes nés, dont nous ne pouvons nous défaire » (La. 617). Le paradoxe typiquement pascalien (nous ne pouvons nous défaire de cette injustice ; il faut nous en défaire) renferme l'essentiel de cette pensée selon laquelle il est impossible de se défaire d'un instinct mais qu'il faut, dans la mesure du possible, dominer cet amour-propre si nous voulons jamais approcher de la justice et de la vérité, autrement dit, de la perfection toute relative de ce monde. Comment rattacher justice et vérité à la perfection ? Selon saint François de Sales (et Pascal serait d'acccord à ce sujet) " estre juste n'est autre chose qu'estre parfaitement uni à la volonté de Dieu, et y estre toujours conforme en toutes sortes d'evenemens, soit prosperes ou adverses " [10]. Au fond ce qu'il faut changer c'est cette volonté qui retient l'homme dans l'amour de soi.

Alors tout se tient : cheminer vers la perfection, c'est diminuer les passions ; c'est passer de l'amour de soi à l'amour de Dieu, c'est renoncer à sa volonté propre. En un mot, c'est renverser l'ordre habituel des priorités de l'homme. Au lieu de vouloir " être Dieu ", de s'arroger des prérogatives divines, il faut opérer ce retournement complet pour retrouver, selon Pascal, la vraie perspective de ce monde. Il faut, dit-il, « changer la règle que nous avons prise jusqu'ici pour juger de ce qui est bon. Nous en avions pour règle notre volonté, prenons maintenant la volonté de Dieu » (La. 948).

Ce grand mouvement de l'égocentrisme au théocentrisme est traduit sous forme imagée dans la fable des " membres pensants ", suggérée par le texte de saint Paul qui commence, « De même en effet que le corps est un, tout en ayant plusieurs membres, et que les membres du corps, en dépit de leur pluralité, ne forment qu'un seul corps, ainsi en est-il du Christ » (I Cor 12, 12-27) [11]. Nous avons déjà entendu un écho de ce texte paulinien dans la lettre du 1er avril 1648 où il était question du chrétien qui appartient au corps du Christ. Dans sa version de la fable, ce que Pascal appelle la " volonté particulière " (celle de l'homme) doit se soumettre à la " volonté première " (celle de Dieu). Désordre et malheur règnent quand les pieds ou les mains, en révolte, placent leur interêt personnel avant celui du corps entier et cherchent à s'affranchir, à se faire indépendants (La. 374). L'ordre et le bonheur sont restaurés dès que les membres rebelles voient qu'ils ne sont que membres et dépendent du corps. Pour rejoindre nos remarques sur l'amour-propre, citons une pensée qui résume tout : « Pour faire que les membres soient heureux, il faut qu'ils aient une volonté, et qu'ils se conforment au corps » (La. 370). Il serait possible de faire de ce texte une pensée de la perfection en le paraphrasant ainsi : « Pour faire que les Chrétiens soient parfaits, il faut qu'ils aient une volonté conforme à celle de Dieu ». La notion de conformité rappelle la devise d'Épictète (ce plus chrétien des anciens)," vouloir ce que Dieu veut ", ce qui renvoie à la notion de l'événement, un autre thème de la perfection.

10 SAINT FRANÇOIS DE SALES, *Œuvres complètes,* t. V. p. 368. Cf. aussi JULIEN-EYMARD D'ANGERS, " Les degrés de perfection d'après saint François de Sales ", *Revue d'ascétique et de mystique,* t. 44, n°173, 1968, pp. 11-31.

11 Pour une esquisse de la christologie pascalienne, Cf. Philippe SELLIER, " Jésus chez Pascal ", *Revue des sciences philosophiques et théologiques,* t. 66, n°4, oct. 1982, pp. 505-21.

Il existe de nombreuses allusions dans les écrits de Pascal au thème de l'événement. Dans les *Lettres aux Roannez* , il affirme : « J'essaye autant que je puis de ne m'affliger de rien et de prendre tout ce qui arrive pour le meilleur » (La. p. 266). Voilà l'expression la plus simple, le signe le plus clair de la parfaite soumission à la volonté divine qui est une marque de la perfection. Au moment de réfléchir longuement sur la mort de son père, Pascal écrit que quand on considère cet événement " dans les lumières de la foi " (La. p. 275), on conclut que " La providence de Dieu est l'unique véritable cause des accidents que nous appelons maux " (La. p. 275). Dans l'admirable " Prière pour demander le bon usage des maladies ", nous lisons cette prière : « Faites, mon Dieu, que dans une uniformité d'esprit toujours égale je reçoive toute sorte d'événements » (La. p. 365). Devant des affirmations aussi catégoriques sur la nature de l'événement, il n'est pas surprenant de trouver dans les *Pensées* l'expression des mêmes idées. Voici par exemple, une variante sur une remarque faite dans une des *Lettres aux Roannez :* « L'événement [...] est une manifestation de la volonté de Dieu » (La. 948) [12] et on se souvient du beau verset du " Mystère de Jésus " qui dit : « Si Dieu nous donnait des maîtres de sa main, O qu'il leur faudrait obéir de bon cœur. La nécessité et les événements en sont infailliblement » (La. 919, p. 620).

Obéir de bon cœur aux événements est le fait d'une âme qui a atteint un degré élevé de perfection. Cet état d'équilibre, de tranquillité, d'eurythmie est reflété dans ce fragment qui décrit le " vrai chrétien " selon Pascal : « Avec combien peu d'orgueil un chrétien se croit-il uni à Dieu. Avec combien peu d'abjection s'égale(-t-) il aux vers de la terre. La belle manière de recevoir la vie et la mort, les biens et les maux » (La. 358). On trouve comme une image négative des mêmes idées dans le " Mystère de Jésus " : « *Eritis sicut dii scientes bonum et malum.* Tout le monde fait le Dieu en jugeant : cela est bon ou mauvais et s'affligeant ou se réjouissant trop des événements » (La. 919, p. 621). Plutôt que de " faire le Dieu en jugeant ", il faut se conformer à sa volonté, ce qui signifie acceptation résignée, voire voulue, de tout ce qui arrive en ce monde [13]. On trouve un résumé de ce thème dans un chapitre du *Chrestien intérieur* (1650), consacré à l'indifférence où Jean de Bernière Louvigny souligne la libre soumission de la volonté du parfait chrétien à celle de Dieu. « Une âme aime plus Dieu & sa volonté que la créature, [une âme] est

12 Pour une variation sur la même pensée Cf. La. p. 266.

13 Cf. La., p. 364.

contente et paisible en tout evenement, puisque la Foy luy donne asseurance que la volonté de Dieu s'y accomplit »[14]. Cette citation nous permet de rappeler les quatre thèmes que nous avons nommés thèmes de la perfection : diminuer les passions pour qu'amour de soi cède sa place à amour de Dieu ; accepter les événements comme manifestation de la volonté divine, ce qui sera la marque de l'âme en équilibre et en paix progressant vers la perfection limitée et relative de ce monde.

Une notion que nous n'avons pas encore évoquée est celle des degrés de perfection. Pascal affirme la possibilité du progrès spirituel, témoin ce fragment classé sous le titre " Raison des effets " où il établit une gradation dans l'attitude envers les personnes de grande naissance (La. 90). L'attitude va changeant à mesure qu'on passe de bas en haut de cette hiérarchie : le peuple, les demi-habiles, les habiles, les dévots les "' chrétiens parfaits " . En haut de l'échelle, les dévots ont une " nouvelle lumière " et les chrétiens parfaits (La. 14, 179), une " autre lumière supérieure ". Grâce au don de sagesse, ces derniers (il y en a peu, dit Pascal), touchent au sommet de la perfection, car ils " sont dans la véritable piété de mœurs et croient par un sentiment du cœur " (La. 179).

*

* *

Après avoir nommé le " parfait chrétien " (La. 90, 357) qui évite la stagnation spirituelle et avance sans cesse vers la lumière de la gloire où il ne lui manquera rien pour être un tout complet, où il aura atteint la fin à laquelle il est ordonné (nous retrouvons la définition de la perfection téléologique de saint Thomas), Pascal peut lui-même figurer ce personnage, qui, aux heures bénies de la grâce, livre la confidence suivante au lecteur de ses *Pensées :* « Ainsi je tends les bras à mon Libérateur, qui ayant été prédit durant 4000 ans est venu souffrir et mourir pour moi sur la terre dans les temps et dans toutes les circonstances qui en ont été prédites, et par sa grâce, j'attends la mort en paix dans l'espérance de lui être éternellement uni et je vis cependant avec joie, soit dans les biens qu'il lui plaît de me donner, soit dans les maux qu'il envoie pour mon bien et qu'il m'a appris à souffrir

14 *Le Chrestien intérieur,* liv. III, ch. XI, pp. 223-24.

par son exemple. » (La. 793, p. 601). Les thèmes de la perfection de ce texte sont évidents : cette paix qui descend dans son âme libérée ne sera parfaite que " dans le ciel " (La. p. 266) ; il vit dans l'espérance avec joie en attendant la mort ; tout vient de la main de Dieu (soit biens, soit maux) ; l'exemple du Christ est proposé au chrétien comme " modèle parfait " à imiter (La. p. 267, La. 585). Insistons sur cette dernière notion. Dans un fragment des *Pensées*, Pascal parle du Christ qui possède les qualités " d'une âme parfaitement héroïque " (La. 316). Si le héros incarne l'homme porté au plus haut point de la perfection profane, pour Pascal c'est le Christ qui figure parfaitement le héros de l'ordre de la charité, car il transcende le profane infiniment par sa dimension spirituelle sacrée[15]. Le Christ représente l'homme créé " parfait " (La. 149) et il ne reste à celui-ci qu'une réminiscence de la béatitude de cet état où il est déchu, il n'en possède pas moins le Christ comme " modèle parfait " à imiter [16].

Rappelons pour conclure la célèbre Profession de Foi de Pascal où éclate le thème de la perfection, qui, n'est autre (nous l'avons déjà dit) que la mise en pratique du plus grand commandement, le Précepte de la Charité – aime le Seigneur et ton prochain comme toi-même (Mt 22, 37-39). Dans la *Vie de son frère*, Gilberte Pascal présente ce texte que nous citerons *in extenso* comme une " peinture qu'il avait faite de lui-même dans un petit papier de sa main en cette manière " :

> J'aime la pauvreté, parce que Jésus-Christ l'a aimée. J'aime les biens, parce qu'ils donnent le moyen d'en assister les misérables. Je garde fidélité à tout le monde. Je ne rends pas le mal à ceux qui m'en font, mais je leur souhaite une condition pareille à la mienne, où l'on ne reçoit pas de mal ni de bien de la part des hommes. J'essaie d'être toujours véritable, sincère et fidèle à tous les hommes, et j'ai une tendresse de cœur pour ceux à qui Dieu m'a uni plus étroitement ; et soit que je sois seul ou à la vue des hommes, j'ai en toutes mes actions la vue de Dieu qui doit les juger, et à qui je les ai toutes consacrées.

15 Cf. notre article, " Pascal on Heroes and Heroism ", *Kentucky Romance Quarterly*, XXVIII, 2(1981), pp. 111-120.

16 Rappelons la maxime d'Ernest Renan déjà citée (« Le parfait est le centre de gravitation de l'humanité »). La version pascalienne de cette maxime serait la pensée suivante : « Jésus-Christ est l'objet de tout, et le centre où tout tend. Qui le connaît connaît la raison de toute chose » (La. 449).

> Voilà quels sont mes sentiments ; et je bénis tous les jours de ma vie mon Rédempteur qui les a mis en moi et qui, d'un homme plein de faiblesse, de misère, de concupiscence, d'orgueil et d'ambition, a fait un homme exempt de tous ces maux par la force de sa grâce, à laquelle toute la gloire en est due, n'ayant de moi que la misère et l'erreur [17].

L'auteur du fragment fait preuve de cet amour bien ordonné qui est une autre manière de définir la perfection. Refaite à l'image de Dieu, son âme répond à l'appel de l'Amour divin par le don total de soi. Aimer la pauvreté parce que le Christ l'a aimé ; aimer les biens avec détachement parce que l'on peut s'en servir pour faire l'aumône. Perfection chrétienne que cette condition où, grâce à son amour du prochain qui est au fond amour de Dieu, il ne reçoit ni mal ni bien de la part des hommes – autrement dit, les événements n'ont plus de prise sur le fond de son âme. Bien qu'il agisse dans le monde pour le bien de son prochain (la spiritualité pascalienne n'a rien d'un quiétisme), il est détaché des autres, car son premier amour, celui qui détermine tout, est pour Dieu. Amour-propre se trouve subordonné à amour de Dieu. Ce qui ordonne sa vie; c'est " la vue de Dieu ", Dieu qui voit les hommes et qui juge leurs actions. Détachement du monde, attachement à Dieu, une véritable conversion du cœur (une métanoïa) qui est inséparable de l'imitation du Christ qui informe ce passage et qui, à première vue, semble trahir une grande présomption (le Moi haïssable est omniprésent). Dans la dernière phrase du texte, pourtant, les perspectives sont rectifiées où Dieu est remercié de sa grâce sans laquelle ses " sentiments " qui tiennent de la perfection n'auraient jamais pu naître en lui. Comme nous l'avons vu plus haut, il convient de favoriser cette grâce par des pratiques ascétiques et Pascal espérait, certes, que de tels efforts ne resteraient pas sans récompense. Mais atteindre la perfection qui est plénitude de la charité, celle qui est synonyme de la très sainte indifférence de saint François de Sales, est un don divin, car elle dépend de la foi vive et " La foi est un don de Dieu " (La. 588).

Lane M. Heller The University of Western Ontario

[17] *Œuvres complètes,* t. I, éd. J. Mesnard, p. 595. Pour une étude magistrale et le texte des deux versions de la *Vie de Pascal,* cf. 537-642.

L'INCONSCIENT DANS LES *PENSÉES* DE PASCAL

Dans ce qui suit il ne s'agira pas de l'inconscient de Pascal ; c'est-à-dire, je ne vais pas psychanalyser l'auteur des *Pensées* à partir de ses écrits. C'est un genre d'exercice qui est non seulement de méthode suspecte, mais dont les résultats sont en général assez minables.

Ce que je ferai n'est qu'une sorte de glose sur un paragraphe tiré du livre de Jean Mesnard sur les *Pensées :* « Le danger de l'optimisme humaniste est de se contenter d'une psychologie superficielle. Le pessimisme pascalien plonge au contraire dans les profondeurs troubles qui sont celles de l'irrationnel et de l'inconscient. De là viennent la pénétration et la puissance de ses analyses, organisées autour des thèmes de la vanité, de la misère, de l'ennui, du divertissement, de l'amour-propre. La peinture de l'agressivité naturelle du moi qui veut se faire " centre de tout " (XXIV/597), celle du déguisement à soi-même et aux autres (HC2/978) qu'entraîne l'amour-propre, celles des ravages de l'"ennui" (XXIV/622) ont une résonance toute moderne. » [1]. Évidemment je ne pourrai toucher à tous les thèmes évoqués ici. Je veux simplement voir en effet, jusqu'à quel point dans les *Pensées* il s'agit de l'inconscient.

On a déjà constaté que les remarques de Pascal sur la Machine, l'automate, la coutume, semblent indiquer une espèce de conditionnement qui nous est familier depuis Pavlov, et qui pourrait suggérer un rapprochement de la pensée de Pascal avec le béhaviorisme américain de Watson et Skinner. Mais une des

1 J. MESNARD, *Les Pensées de Pascal* (Paris, SEDES, 1976), pp. 344-345.

caractéristiques de l'école béhavioriste, c'est de vouloir exclure toute autre façon d'étudier la psychologie humaine. Pour une étude des *Pensées* de Pascal, une telle exclusion aurait pour résultat une méconnaissance presque totale de sa psychologie. Tout en admettant ce côté de sa pensée, qui a ses origines sans doute dans le mécanisme cartésien, je crois que la profondeur indiquée par Jean Mesnard se verra plus clairement au moyen d'une comparaison avec la psychologie des profondeurs, et en particulier avec les élaborations de la découverte freudienne de l'inconscient. Je vais essayer de dégager des *Pensées* des structures psychologiques qui rejoignent celles de Freud.

De prime abord, un rapprochement de Pascal et Freud semble peu prometteur. Dans la conception vulgaire de la psychanalyse, c'est la sexualité comme mobile de toutes nos actions qui est au centre de la pensée freudienne. Mais les allusions à la sexualité sont extrêmement rares dans les *Pensées*. Et si Pascal fait une comparaison entre " la besogne " et l'éternuement, et même si l'on suppose que Pascal voyait l'éternuement comme une sorte d'orgasme respiratoire, cela suggère un rapprochement avec l'ami de Freud, Wilhelm Fliess, qui soutenait que le nez était un organe sexuel, mais non avec Freud lui-même, qui n'a jamais accepté cette idée.

L'autre pièce maîtresse de la théorie psychanalytique, c'est l'interprétation des rêves. Peut-on dire que Pascal voit le rêve comme " la voie royale qui mène à l'inconscient ? " Nullement. Dans les *Pensées* le rêve figure surtout dans les fragments qui développent le thème de l'incertitude de nos connaissances, dans la tradition que Pascal appelle " pyrrhonienne ". Le rêve est une sorte de simulacre de la vie qui remet en question nos connaissances éveillées ; mais l'idée que le rêve a un sens qu'on pourrait interpréter – idée d'ailleurs, assez commune au XVIIème siècle – ne se trouve pas dans les *Pensées*.

Si l'on cherche d'autres " concepts fondamentaux " de la psychanalyse dans les *Pensées* tels que la répétition, le transfert, la pulsion : la récolte reste assez maigre. Pour prendre d'abord la répétition, il y a certes la notion que les adultes répètent certains comportements des enfants : ainsi un homme cherchant un amusement pour se divertir doit-il pouvoir investir son objet de la passion, du désir, de la crainte, « comme les enfants qui s'effraient du visage qu'ils ont barbouillé » (La. 136). Nous voyons aussi que la coutume et l'habitude font une " seconde nature " peut-être plus forte que la nature même (par ex., La. 125, 126, 136C). Mais tout cela ne semble pas aller très loin vers la compulsion de répéter qui vient du refoulement dans la théorie freudienne.

Le transfert au sens technique, exige la situation analytique pour se réaliser. Et, quant à la pulsion, c'est une notion controversée et difficile à définir chez Freud. On pourrait voir dans ce que Pascal désigne du mot " instinct " quelque chose de semblable. Dans le fragment sur le divertissment il parle d'un « instinct secret qui ... porte [les hommes] à chercher le divertissement ... en dehors ... Et ils ont un autre instinct secret ... qui leur fait connaître que le bonheur n'est en effet que dans le repos » (La. 136). Une opposition semblable peut se voir dans l'opposition Eros / Thanatos que Freud avait formulée vers la fin de sa vie ; il s'agit de cette même notion de deux instincts contraires, dont l'un, l'instinct érotique, nous pousse vers la vie, l'autre, l'instinct de mort, nous attire vers le repos, le détachement, la mort. On pourrait objecter que Freud fonde ses théories dans la biologie, tandis que la formulation de Pascal a ses racines dans la théologie. Mais justement la théorie freudienne, surtout celle d'une pulsion de mort, est de la métapsychologie ; elle est dénuée de tout fondement dans la biologie rigoureusement scientifique, et pour cette raison a été reniée par la plupart des psychanalystes de nos jours. Ce rapport entre le biologique et la théorie freudienne, Jacques Lacan a démontré jusqu'à quel point il est problématique ; ce sera donc dans la version lacanienne de Freud que je chercherai mes comparaisons avec Pascal.

Enfin, comme Mesnard l'a suggéré dans le paragraphe cité ci-dessus, c'est dans la psychologie du moi que l'on doit chercher ces intuitions psychologiques qui semblent si modernes, c'est-à-dire pour mon propos si freudiennes. Mais encore faut-il faire attention : tout ce qui est inconscient n'appartient pas forcément à l'inconscient freudien. Si « j'honore un homme vêtu de brocatelle », en croyant que je le fais parce qu'il est noble, et en réalité je le fais parce que « il est suivi de sept ou huit laquais ... (et) me fera donner les étrivières, si je ne le salue » (La. 89), cette dernière motivation inconsciente n'a pourtant rien à voir avec l'inconscient freudien ; elle est issue du préconscient, d'où elle était capable de sortir pour entrer dans la conscience et d'être reconnue par elle comme une motivation raisonnable. Quant à l'inconscient, c'est un système ayant ses propres structures, et dont les tendances ne sont pas seulement inconscientes, mais inavouables. « Le cœur a ses raisons que la raison ne connaît pas » suggère au moins la possibilité d'un tel système souterrain ; il reste à voir comment le situer : j'y reviendrai.

Mais revenons à la question du moi. Il me semble très important pour notre investigation psychologique des *Pensées* que lorsque Pascal pose la question : " Qu'est-ce que le moi ? " (La. 688), il ne pense pas à quelque définition philosophique – au sujet pensant, par exemple – mais il pose la question en termes de " quelqu'un qui me voit " et quelqu'un qui m'aime " ; c'est-à-dire comme objet du regard et du désir d'autrui. Notons aussi puisque c'est moi qui pose la question, ce " moi " qui demande à l'autre s'il me voit ou m'aime, n'est pas le même que le " moi " qui est l'objet de son regard. Je ne suis pas – "moi" est un autre. Cette même structure devient encore plus claire lorsqu'il s'agit de l'amour-propre. Je me permettrai de vous rappeler tout le premier paragraphe du fragment La. 978 :

> La nature de l'amour-propre et de ce *moi* humain est de n'aimer que soi et de ne considérer que soi. Mais que fera-t-il ? Il ne saurait empêcher que cet objet qu'il aime ne soit plein de défauts et de misère ; il veut être grand, il se voit petit ; il veut être heureux, et il se voit misérable ; il veut être parfait, et il se voit plein d'imperfections ; il veut être l'objet de l'amour et de l'estime des hommes, et il voit que ses défauts ne méritent que leur aversion et leur mépris. Cet embarras où il se trouve produit en lui la plus injuste et la plus criminelle passion qu'il soit possible d'imaginer ; car il conçoit une haine mortelle contre cette vérité qui le reprend, et qui le convainc de ses défauts. Il désirerait l'anéantir, et ne pouvant la détruire en elle-même il la détruit, autant qu'il peut, dans sa connaissance et dans celle des autres ; c'est-à-dire qu'il met tout son soin à couvrir ses défauts et aux autres et à soi-même, et qu'il ne peut souffrir qu'on les lui fasse voir ni qu'on les voie.

Cette fois nous ne voyons pas seulement cette séparation entre le je et le moi, mais nous en voyons la motivation : je veux être « l'objet de l'amour et de l'estime des hommes ». Et puisque je suis loin de le mériter, je dois cacher la vérité non seulement aux autres mais à moi-même. Nous voilà en pleine déraison. L'amour-propre pour Pascal n'est nullement ce que suggère la traduction anglaise qu'on donne quelque fois de " self-interest ", c'est un narcissisme si fondamental que ses ressorts et ses ruses sont cachés non seulement aux autres mais à nous-mêmes, et comme dit Pascal dans ce qui suit, si l'on essaie de nous faire voir la vérité sur nous-mêmes, nous nions cette vérité et nous haïssons celui qui voudrait nous la découvrir. Cette structure psychologique est à la base de certains fragments sur la vanité et la gloire, et comme le dit Pascal à la fin du fragment sur l'amour-propre, elle a « une racine naturelle dans (notre) cœur » (La. 978).

Non seulement cette structure narcissique que Pascal a décelée semble-t-elle rejoindre la structure de l'inconscient freudien, mais un schéma de Jacques Lacan (le schéma L) me paraît une représentation graphique de cet aspect du psychisme. Dans sa forme la plus simple :

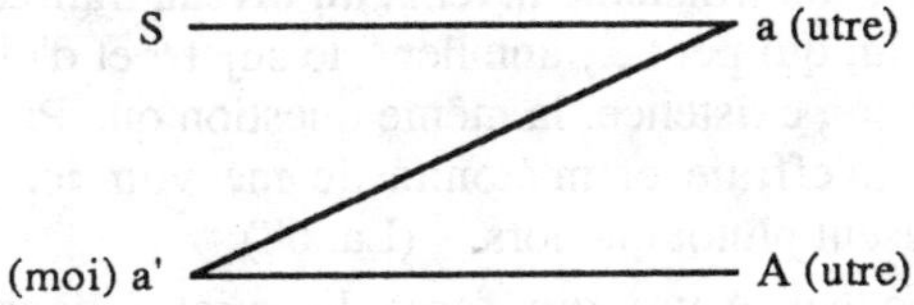

' S ' c'est le sujet de " son ineffable et stupide existence " ; ' a ' représente ses objets (les autres) ; ' a' ' c'est son moi, à savoir, ce qui se reflète de sa forme dans ses objets ; et ' A ' c'est l'Autre, « le lieu d'où peut se poser à lui la question de son existence. » [2].

Les trois premiers termes cadrent parfaitement avec les termes de l'analyse pascalienne de l'amour-propre. Le dernier terme, l'Autre (grand A), reste problématique, même dans l'usage qu'en faisait Lacan, mais c'est d'une importance capitale pour la compréhension de l'inconscient. Une des maximes les plus connues de Lacan, c'est que " l'inconscient, c'est le discours de l'Autre ". Mais qu'est-ce que cet Autre ?

Dérivé d'une tradition philosophique, l'Autre lacanien a de multiples dimensions. C'est ce qui fonde l'ordre symbolique, et en même temps, ce qui détermine ce narcissisme, qui n'est pas une condition pathologique mais tout simplement la condition humaine. On peut distinguer trois dimensions, ou mieux trois niveaux. Au niveau intrapsychique, c'est ce qui pose à l'individu la question de son existence, surtout de sa " concupiscence dans l'être ", mais aussi de la sexualité [3]. Il est source souvent d'angoisses, tensions, fantasmes, et

[2] J. LACAN, *Ecrits*. (Paris, Éditions du Seuil, 1966), pp. 548-549.
[3] LACAN, *op. cit.*, p. 549.

peut sembler à la fois exigeant et menaçant ; c'est-à-dire que cela fonctionne dans la vie psychique assez comme le Surmoi de Freud. Au niveau social c'est l'Autre qui fonde l'ordre symbolique. C'est ce qui tire l'enfant de son monde imaginaire (monde du narcissisme primaire), qui le distingue de sa mère et l'établit comme enfant de ses parents ; à ce niveau, l'Autre est représenté par le Père – non le pauvre père réel, bien sûr, mais le Père symbolique qui instaure le langage, la société, la loi. Pour souligner ce rôle symbolique du Père, Lacan désigne l'Autre quelquefois comme le " Nom-du-Père " ; c'est aussi pour nous mener au troisième niveau, un niveau transcendant : l'autre " comme absolu, qui peut ... annuler " le sujet [4] et d'où peut se poser la question de son existence, la même question que Pascal a posée en écrivant, « je m'effraie et m'étonne de me voir ici plutôt que là, pourquoi à présent plutôt que lors. » (La. 68).

C'est donc cet Autre qui force le sujet (dans une relation inconsciente) à chercher dans l'autre (petit a) la réflexion de lui-même qu'on apelle son " moi ", mais un moi idéal, glorieux et même immortel et même commensurable avec les exigences de l'Autre. Cette " fascination de la conscience par le moi " [5] revient souvent dans les analyses de " la misère de l'homme sans Dieu " dans les *Pensées*. Dans la version lacanienne du narcissisme que je viens de résumer, on peut voir que cette condition peut être déterminée par l'Autre. Qu'est-ce qui joue ce rôle déterminant chez Pascal ? Je crois que c'est dans la théologie augustinienne (ou janséniste) qu'il faut chercher la réponse. Avec la chute d'Adam, l'homme « détourna sa vue de Dieu pour la tourner toute sur soi-même », ce qui a donné à l'homme « le désir de cette injuste grandeur » ; « et d'où vient ce désir sinon de l'amour que l'homme se porte ? » [6].

A première vue, on ne dirait pas qu'il y ait parallélisme entre le Dieu des Jansénistes et l'Autre de Lacan. L'Autre semble être là comme présence nécessaire pour l'existence humaine ; mais en même temps, c'est son aspect troublant, ou même menaçant, qui détermine le narcissisme. Si pour Pascal Dieu est, lui aussi, nécessaire, c'est pourtant son absence qui est cause de l'amour-propre. Mais examinons cette notion de plus près. Si Dieu est tout simplement absent – c'est-à-dire que, depuis la Chute, il s'est retiré de l'homme, à moins de se faire

[4] LACAN, *op. cit.*, p. 53.

[5] Expression empruntée à Daniel LAGACHE ; voir son essai dans *La Psychanalyse*, 3 (1957) pp. 33-45.

[6] C. JANSÉNIUS, *Discours de la réformation de l'homme intérieur* (Paris, Pierre le Petit, 1659) pp. 18-19.

sentir par la grâce – s'il est absent, donc, qu'est-ce qui expliquerait qu'on se retourne sur soi-même, et qu'on ait " ce désir d'une injuste grandeur " du moi ? Il faut supposer quelque désir détourné, ou peut-être quelque capacité frustrée de son objet, ou au moins une sorte de nostalgie de l'immortalité. Chez Lacan, ce désir se fait sentir à travers l'ordre symbolique : la raison pour laquelle l'inconscient est le *discours* de l'Autre, c'est que les désirs de l'inconscient (qui s'expriment au moyen des rêves, des symptômes, etc ...) sont constants. Ils ne sont pas liés, donc, à l'énergie biologique des besoins instinctuels qui va et vient ; selon Lacan, ils sont plutôt des " désirs morts " et donc immortalisés. Tout cela dépend de l'ordre symbolique qui seul offre cette possibilité de l'immortalisation.

Dans la pensée de Pascal il me semble qu'il y a une sorte de capacité où ce désir se fait sentir : c'est le cœur. « Le cœur de l'homme est creux et plein d'ordures » ; " creux " parce que c'est une capacité vide, " plein d'ordures " parce que notre nature humaine (au contraire de la nature physique) abhorre un vide et se hâte de le remplir de n'importe quoi. Est-ce qu'on pourrait faire donc une comparaison du cœur pascalien avec l'inconscient freudien (selon Lacan) ? Il est vrai que " cœur " s'emploie parfois comme synonyme d'instinct. Mais est-ce qu'il y a cette dimension symbolique qui domine dans la pensée de Lacan ? On dirait que non : il semble y avoir une opposition entre cœur et raison, surtout à propos de la foi, qui met le cœur du côté de l'instinct, du sentiment – là où le symbole, le discours ne jouerait aucun rôle. Et pourtant, " le cœur a ses raisons ... " (La. 423) et les raisons du cœur peuvent le porter à aimer " l'être universel naturellement ", plutôt que soi-même. Alors, aimer l'être universel, c'est aimer une abstraction, ce qui n'est pas possible en dehors de l'ordre symbolique, et cet amour de l'être universel aurait certainement quelque parenté avec un désir d'immortalité. La notion de cœur chez Pascal reste toujours problématique ; je n'ai fait peut-être qu'ajouter à ces difficultés.

Il y a d'autres chemins à suivre dans une étude de l'inconscient dans les *Pensées* de Pascal : par exemple cette question de l'agressivité mentionnée par Jean Mesnard. En effet, l'agressivité du moi – ce qui le rend haïssable pour Pascal – est aussi un des grands thèmes de Jacques Lacan, qui, à l'encontre de la majorité des psychanalystes, veut situer l'agressivité, comme le fait Pascal, dans le Moi narcissique plutôt que dans l'Es ou le Surmoi. Mais je voudrais laisser ces analyses maintenant, et pour conclure, poser une autre question : question qui, si je ne la pose pas moi-même, va être soulevée par d'autres, et peut-être même de façon plus agressive. La question est : quelle valeur peut avoir une comparaison entre des pensées de Pascal et la théorie psychanalytique ? Certains diraient que c'est un anachronisme sans aucune valeur pour l'étude de Pascal. D'autres disent que le rôle de la critique, c'est justement de voir les auteurs plus anciens à travers l'optique de nos contemporains, et on soutient même qu'il est impossible de faire autrement. Je ne veux pas ressusciter cette vieille querelle qui sans doute ne sera pas résolue avant le jugement dernier, et ne mérite que de rester dans sa tombe académique jusqu'à ce jour-là. Mais pour poser la question tout simplement : est-ce qu'il y a quelque avantage à tirer d'une telle étude ? A mon avis il y a plusieurs avantages. Premièrement Freud lui-même disait que ce qu'il avait découvert, les grands poètes le savait déjà bien avant lui. Sophocle, Shakespeare, Goethe, sont les noms qu'il cite le plus souvent. Alors, pourquoi ne pas ajouter à la liste Pascal ? Si cela ne sert qu'à illustrer notre auteur, cela vaut la peine, il me semble.

Deuxièmement une telle étude peut nous aider à voir et apprécier la profondeur et l'originalité de Pascal. Autant que je sache, c'est le premier écrivain qui se servait du mot " moi " en ce sens ; d'autres parlaient du " moi " en utilisant le pronom comme un nom – Descartes et certains écrivains spirituels, dont saint François de Sales, par exemple – mais voir le " moi " comme ce qui se reflète dans le regard d'autrui, c'était nouveau, et même si original que, comme avec d'autres inventions de Pascal, il fallait attendre deux ou trois siècles avant qu'on en ait vu l'importance et les implications.

Troisièmement utiliser Freud et Lacan pour interroger le texte des *Pensées* peut nous mener à poser de nouvelles questions sur celles-ci. Par exemple je n'aurai jamais songé à me demander quel rapport existe entre le cœur pascalien et l'ordre symbolique, sans y arriver par cette voie lacanienne, et même si c'est ajouter une complexité de plus à nos efforts pour comprendre ce terme, c'est une complication réelle à laquelle il faut faire face. Autre question qui me semble s'imposer à partir de ces considérations : comment se peut-il qu'il y ait convergence dans la pensée de deux auteurs si différents que Pascal et Freud ? Une réponse possible : ils étaient tous les deux lecteurs de saint Augustin.

Quatrième raison pour une telle comparaison : sans invoquer " l'intertextualité " ou d'autres termes de ce jargon à la mode, je crois quand même qu'une lecture comparative, même d'auteurs très séparés dans le temps et par l'idéologie, mène presque toujours à de nouveaux éclaircissements. Ceux qui ne savourent pas les délices de la théologie augustinienne peuvent être menés à voir que ce point de vue, apparamment si caduc, a néanmoins permis à Pascal de s'apercevoir de structures psychologiques qui autrement seraient restées obscures jusqu'à notre époque. D'autre part, il était beaucoup plus facile pour moi de comprendre les structures si bien cachées derrière le style oraculaire de Jacques Lacan, puisque je les avais déjà rencontrées dans les *Pensées*.

Si, après ces quatre raisons, on doute encore de la validité d'une lecture lacanienne de Pascal, je vais terminer mon exposé par une petite anecdote. J'étais le premier à vouloir traduire un des écrits de Lacan en anglais. Une fois qu'il avait compris que je m'intéressais à sa pensée plutôt qu'à ses services de psychanalyste, il m'a invité à dejeuner chez lui à sa maison champêtre, pas très loin de Paris. Après le repas, Lacan a suggéré un petit tour dans son jardin. En nous promenant, nous parlions de ses idées et de ses légumes ; tout à coup il s'est tourné vers moi et m'a demandé : « Vous qui n'êtes ni analyste ni analysé, pourquoi est-ce que vous vous intéressez à mon enseignement ? »

Je ne savais trop que répondre, parce que je ne savais pas ce que je trouvais de si fascinant dans ses écrits. Pour dire quelque chose, j'ai balbutié, « Alors je m'intéresse surtout à Pascal ... ».

Lacan a levé la main pour commander le silence.

« Ah, je comprends », a-t-il dit, et ensuite il m'a emmené dans sa bibliothèque pour me montrer une collection assez importante de livres jansénistes.

Jan Miel Wesleyan University

IMAGINAIRE ET RHÉTORIQUE DANS LES *PENSÉES*

L'originalité de la rhétorique pascalienne a immédiatement frappé les quelques personnalités qui ont collaboré à l'activité de l'écrivain. La *Logique* dite de Port-Royal parle de « Feu Monsieur Pascal, qui savait autant de véritable rhétorique que personne en ait jamais su » [1]. " Véritable " fait penser au fragment célèbre " la vraie éloquence se moque de l'éloquence " et suggère que la théorie et la pratique pascaliennes ne renvoyaient pas aux rhétoriques communément reçues (Aristote, Cicéron, Quintilien). Mais lé temoignage le plus précieux est évidemment celui de Gilberte Pascal; formée avec Blaise par leur père, et, plus tard, en relations fréquentes avec son frère, au point que certaines des " Pensées " mansucrites dans le *Recueil Original* sont de sa main, sous la dictée de l'auteur. Or dans sa *Vie de Monsieur Pascal*, Gilberte a souligné la maîtrise rhétorique de son frère :

> Il avait une éloquence naturelle qui lui donnait une facilité merveilleuse à dire ce qu'il voulait ; mais il avait ajouté à cela des règles dont on ne s'était point encore avisé, et dont il se servait si avantageusement qu'il était maître de son style ; en sorte que non seulement il disait tout ce qu'il voulait, mais il le disait en la manière qu'il voulait, et son discours faisait l'effet qu'il s'était proposé. Et cette manière d'écrire naturelle, naïve et forte en même temps, lui était si propre et si particulière qu'aussitôt qu'on vit paraître les *Lettres au Provincial*, on vit bien qu'elles étaient de lui, quelque soin qu'il ait toujours pris de le cacher, même a ses proches [2].

[1] *La Logique de Port-Royal*, éd. Claire et Girbal, Paris, Vrin, 1981, p. 267 (III, 20, a, 6).

[2] *Pensées*, S. 671 – La. 513 (le premier numéro renvoie à l'édition du Mercure de France, 1976 ; le second à l'édition Lafuma, Seuil, 1963) : la " vraie éloquence " relève de " l'esprit de finesse ", qui n'interdit évidemment pas la prédilection pour certaines techniques. *Vie*, dans l'édition MESNARD des *Œuvres*

De cet art d'écrire Gilberte fait ressortir non seulement la nouveauté, mais aussi l'efficacité ; et elle marque, parmi les traits qui pouvaient concourir à cette efficacité, l'importance de la *force*. Des trois fonctions traditionnellement attribuées à l'éloquence - instruire, plaire, faire plier (*flectere*) – Pascal privilégiait la dernière. Une multitude de protestations atteste que la postérité a été sensible à la force du texte des *Pensées*. A peine publiées, celles-ci furent accusées de faire violence au lecteur : dès 1671, l'abbé de Villars reproche à Pascal sa volonté de faire capituler et son recours à l'hyperbole [3]. Voltaire entonne, lui aussi ce refrain à la fin de son *Siècle de Louis XIV* : Pascal crut tout soumettre et tout abaisser par la force. Ce qui a le plus révolté certains lecteurs dans ses *Pensées*, c'est l'air despotique et méprisant dont il débute [4]. Révolte au XVIIIème siècle, trouble au XIXème, et exprimé, en pleine période positiviste, par une voix inattendue, celle de Zola :

> Je voudrais en deux mots, au risque de passer pour une pauvre intelligence, dire l'effet que m'a toujours produit une page de Pascal. Je me suis senti effrayé de mon incrédulité, et plus encore de ses croyances ; il m'a donné des sueurs en me montrant toutes les horreurs de mon doute, et cependant je n'aurai pas échangé mes frissons contre les frissons de sa foi. Pascal me prouve ma misère sans pouvoir me décider à partager la sienne. Je reste moi en tout ceci, bien que troublé et l'âme saignante [5].

complètes, Paris Desclée de Brouwer, t. I, p. 533 (cette version a été composée par Gilberte au lendemain de la mort de Blaise, en 1662). Voir aussi P. ERNST, " Les autographes de Gilberte dans l'original des *Pensées* ", dans les *Chroniques de Port-Royal*, 1982, n° 31, p. 69-92.

3 *Traité de la délicatesse*,cinquième dialogue, édité par D. Descotes sous le titre *La Première Critique des Pensées*, Paris, C.N.R.S. , 1980, p. 54 et 55 : « Sachez, Paschase, que quand on veut prouver les vérités divines, on ne peut pas faire de plus grande faute que d'employer la figure et l'hyperbole. On s'ôte par là toute créance. Une pure et simple sincérité est la plus riche figure de l'éloquence chrétienne. On se défie d'un style figuré. »

4 *Œuvres historiques*, Paris, Gallimard, Pléiade 1957, p. 1192.

5 " Les Moralistes français ", dans *Mes Haines* (1866), éd. Tchou des *Œuvres complètes*, Paris, 1968, t. X, p. 110.

A l'audition d'un tel concert où la *force* de l'écriture pascalienne, tantôt louée, tantôt blâmée, se trouve unanimement reconnue, deux questions se posent : tout d'abord, de quelles profondeurs surgit, chez Pascal, " ce désir de vaincre " qu'il croit lui-même " si naturel " ? [6] En attendant une psychanalyse un peu plus rigoureuse que l'essai de Charles Baudoin *Pascal ou l'ordre du cœur* (1962), la critique thématique peut fournir des indications éclairantes sur le rapport premier de l'écrivain au monde, c'est-à-dire sur l'origine de ses choix rhétoriques. En second lieu, et en se limitant au point de vue du *flectere*, en quoi consistent ces « règles dont on ne s'était point encore avisé » ? L'analyse permet de conclure à l'existence de cinq " règles " déjà acquises au moment où l'apologiste entreprend les *Pensées*, et de trois autres élaborées au cours de la phase préparatoire de 1657-1658. Une création rhétorique à restituer dans son mouvement.

Un imaginaire " héroïque ".

La tentation et la tentative pascalienne de *saisir* ne constituent que l'effleurement de la rhétorique d'un imaginaire : les forces manifestent des forces. La psychanalyse puis Bachelard, et la brillante cohorte des thématiciens (J. Starobinski ; J. P. Richard ...) nous ont habitués a remonter ainsi des singularités du langage et des formes à une expérience globale, à des conduites répétitives et à des réseaux d'images fondamentales. Dans ses *Structures anthropologiques de l'imaginaire*, Gilbert Durand a proposé de discerner deux grands régimes de l'imagination créatrice, deux stratégies de rêverie. Selon lui, dans *le régime diurne*, les images terrifiantes du temps qui dévore, de la mort et de la chute sont conjurées par des rêveries de combat, d'ascension, de lumière et d'éternité. C'est le régime du refus et de l'antithèse. Mais « on se fatigue d'être platonicien » (Alain). L'imagination peut aussi fonctionner selon *un régime nocturne* . Alors ces mêmes hantises peuvent être conjurées par un adoucissement interne (ou euphémisation) des images menaçantes : la nuit angoissante devient maternelle (Éschyle, Péguy), les ténèbres se colorent (il ne s'agit plus de l'opposition crue de la lumière et des ténèbres). Les représentations se féminisent : eaux et terres maternelles, présence de la femme, rêveries d'intimité. La suavité de la musique y joue le même rôle euphémisant que le jeu des couleurs : Orphée apparaît. Toutefois, au lieu de réagir ainsi, en se

6 Fragment de *Lettre* (de date imprécise), La. p. 281.

fondant sur l'antiphrase, l'être humain peut tenter d'apprivoiser la férocité du temps par un second ensemble de représentations, que Durand appelle " structures dramatiques " ou " synthétiques " : la menace est alors estompée par la rêverie du progrès ou par celle du retour cyclique.

Dans la création pascalienne, est-il bien difficile de s'y reconnaître, si l'on entreprend d'en explorer les " sous-bois ", ou les profondeurs marines ? Dans cette œuvre sans femmes, sans couleurs, sans intimité heureuse, on n'a guère chance de découvrir la moindre pente à adoucir les aspects angoissants du monde. Pour conjurer les risques d'assombrissement Pascal ne fait pas davantage appel à un progrès général de l'humanité, qu'il juge illusoire, ou limité à de l'inessentiel (les sciences et les techniques). Pas non plus de retours cycliques qui nous préserveraient de redouter " le précipice " vers lequel nous courrons tout droit : " Rien ne s'arrête pour nous " (S. 198 – La. 166) et « Nous brûlons du désir de trouver une assiette ferme, et une dernière base constante pour y élever une tour qui s'élève à l'infini, mais tout notre fondement craque et la terre s'ouvre jusqu'aux abîmes » (S. 230 – La. 199).

Bien évidemment, l'imaginaire pascalien fonctionne de façon presque pure selon un régime diurne (ou héroïque). Il est hanté par l'obscurité ou, au mieux, le clair-obscur du monde. Dans un univers crépusculaire s'écoulent lentement des eaux tristes, les fleuves sombres et brûlants des concupiscences humaines : « Les fleuves de Babylone coulent, et tombent, et entraînent ... Qu'on voie si ce plaisir est stable ou coulant ; s'il passe, c'est un fleuve de Babylone. » (S. 748 – La. 918) [7]. Au sein de cette inconsistance nocturne du fluent – fleuves, îles nocturnes et battues par les flots, océans sans rivages, tourbillonnements des astres et particules – s'agitent de misérables égarés, des êtres tombés, déchus, de chute : les hommes titubants, tâtonnants, en proie à la pesanteur, à la torpeur et au vertige. Errants d'une errance sans fin. Souvent apparaît en filigrane l'image prostrante du vieux Roi, qu'on retrouve en particulier dans le *Roi Lear*, avec les caractères de la folie et de la cécité. Un " roi dépossédé ". D'autres représentations, non moins inquiétantes, font

[7] Je me permets de renvoyer à deux études consacrées à certains aspects de l'imaginaire pascalien : « De Pascal à Baudelaire », dans *La Nouvelle Revue Française*, janv. 1968 (n°181), p. 98–104 ; « L'Ascension et la chute », dans les *Chroniques de Port Royal*, Paris, Vrin, 1972, p. 116–126. Le livre de M. LE GUERN, *L'Image chez Pascal* (Paris, Colin, 1970) offre une ample matière à la réflexion, mais sa méthode diffère entièrement de celle qui a été adoptée ici.

des hommes des prisonniers, jetés dans des cachots chargés de chaînes. Le mythe platonicien de la caverne s'assombrit encore, tant l'obsession des " liens " et des " attaches " est puissante chez Pascal : « Nous devons nous considérer comme des criminels dans une prison toute remplie des images de leur libérateur et des instructions nécessaires pour sortir de la servitude [...]. Dans les ténèbres du monde on les [réalités éphémères] suit par un aveuglement brutal [...] on s'y attache. » Alors que nous devrions « user de ces images pour jouir de Celui qu'elles représentent, et ne demeurer pas éternellement dans cet aveuglement charnel et judaïque qui fait prendre la figure pour la réalité » [8].

Mais voici plus humiliant : un bestiaire d'êtres rampants, collés à la terre ou à la boue, prend vaguement forme dans cette œuvre, pour évoquer notre condition présente : chiens léchant la boue, fourmis ou vers de terre, avec la même palpitation fugitive d'une rêverie du monstrueux et de l'infect : « Que le cœur de l'homme est creux et plein d'ordure. » On comprend qu'avec de telles représentations de son espace intérieur, Pascal ne cherche guère Dieu en lui-même.

La seule écoute de ces quelques textes permet la mise en présence d'un ensemble d'images dont rien ne vient atténuer l'horreur : la nuit et l'aveuglement, l'abandon, le vertige et la chute, le cachot et les chaînes, la boue et la souillure.

Or c'est ici que nous allons découvrir, à sa source, la véhémence. A toutes ces menaces que rien n'affaiblit, l'imaginaire pascalien riposte par l'affrontement, par la lutte armée. « Rien ne nous plaît que le combat » (S. 637 – La. 773). De là, dans toute l'œuvre l'importance de la polémique, le refus du compromis, le leitmotiv lexical du " Contre " : « Contre les philosophes qui ont Dieu sans Jésus-Christ ... Contre Mahomet ... Contre l'Histoire de la Chine ... Contre ceux qui approfondissent trop les sciences ... Contre les opinions probables. » [9].

La lutte pour triompher des menaces se diversifie selon les représentations : arrachage des liens ; purification du cœur souillé, soit par l'eau lustrale, soit par le feu, soit même par le couteau. Le couteau,

[8] *Lettre* à Gilberte (1er Avril 1648). – « O Dieu qui [...] à l'heure de la mort détachez notre âme de tout ce qu'elle aimait au monde ! O Dieu, qui m'arracherez, à ce dernier moment de ma vie, de toutes les choses auxquelles je me suis attaché [...] Ouvrez mon cœur, Seigneur [...] mais liez auparavant le fort et puissant ennemi qui [le] maîtrise » (Prière pour le bon usage des maladies, III et IV). – Sur le cachot, cf. par exemple S. 195 – La. 163 et 196–164.

[9] S. 175 – La. 142, 239 – 107, 716 – 481, 462 – 553, 750 – 920, etc

ce " diminutif du glaive ", de l'arme héroïque par excellence (selon une formule de Gilberte Durand). L'Évangile nous a appris que le « Royaume de Dieu souffre violence, et que les violents le ravissent [Mt, XI, 12] ... Il faudra donc se résoudre à souffrir cette guerre toute sa vie : car il n'y a point ici de paix. Jésus-Christ est venu apporter le couteau et non pas la paix [Mt, X, 34] . » [10].

Aux horreurs de la servitude et de la reptation, Pascal oppose une rêverie du redressement, de la verticalité, de l'ascension, qui aboutit à ce que Bachelard a nommé une " contemplation monarchique du monde ". L'une des images qui réunit ces dynamismes est celle de la construction de la tour, du haut de laquelle on dominera l'univers. Une intense aspiration à la souveraineté, à la maîtrise anime toute l'œuvre : qu'on relise, pour s'en convaincre, le poème dit " Les trois ordres " (S. 339 – La. 308), ou cette formule : « Il n'y a que la maîtrise et l'empire qui fasse la gloire » (S. 648 – La. 795). S'il ne se convertissait sans cesse, Pascal dirigerait avec ardeur les travaux dont la Bible nous parle à propos de la tour de Babel. Et s'il s'acharne tant contre la prétention de l'homme à se faire dieu, c'est d'abord parce qu'il a quelques comptes à régler avec lui-même.

Ce mouvement d'ascension conduit vers la lumière comme l'illustre la belle " Élévation " intitulée *Sur la conversion du pêcheur*. Il est urgent de voir – de là le règne du visuel dans toute l'œuvre – urgent d'y voir clair, d' " avoir la vue bien nette ", de distinguer et, si possible, de " tout d'un coup voir la chose, d'un seul regard et non par progrès de raisonnement " (S. 670 – La. 512). De là aussi, chez Pascal, le prestige de l'intuition. Ici se conjugent les impulsions à discerner (par l'intelligence) et à trancher, à introduire dans l'analyse du réel des coupures franches (les trois " ordres "), à imposer des choix radicaux : ou bien ... ou bien ... L'ardente péroraison de la *Quatorzième Provinciale* en fournit un exemple saisissant :

> Car enfin mes Pères, pour qui voulez-vous qu'on vous prenne : pour des enfants de l'Évangile, ou pour des ennemis de

10 *Lettre 2* à Charlotte de Roannez (son début évoque l'obsession du lien à rompre). – Sur le feu et l'eau lustrale, il suffit de relire le *Mémorial*. Le baptême équivaut à la " circoncision du cœur " (S. 301 – La. 270, 299 – 268, etc.). – Sur les liens : « Voilà, mes Pères, comment il faut traiter les questions pour les démêler, au lieu de les embrouiller » (Douzième Provinciale, éd. Cognet, Paris, Garnier, 1965, p. 288) ; « Qui démêlera cet embrouillement ... Le nœud de notre condition ... » (S. 164 – La. 131).

l'Évangile ? On ne peut être que d'un parti ou de l'autre, il n'y a point de milieu. *Qui n'est point avec Jésus-Christ est contre lui* ... Voyez donc maintenant, mes Pères, duquel de ces deux royaumes vous êtes. Vous avez ouï le langage de la ville de paix, qui s'appelle la Hiérusalem mystique, et vous avez ouï le langage de la ville trouble, que l'Écriture appelle *la spirituelle Sodome :* lequel de ces deux langages entendez-vous ? Lequel parlez-vous ?

En somme, non seulement les textes se trouvent suscités par les antithèses profondes qui opposent lumière et ténèbres, royauté et servitude, élévation et chute, stabilité et inconsistance, pureté et souillure ; mais ils mettent en œuvre des oppositions qui sont toujours linguistiquement manifestes, comme celles des deux cités, ou des dyades fameuses : cœur et raison, entendement et volonté, raison et imagination, esprit de géométrie et esprit de finesse, cupidité et charité, etc. La netteté des découpages n'est pas moindre dans les triades : les trois ordres, les trois " moyens de croire " (raison, coutume, inspiration), les trois " sortes d'hommes ". Ces trois " sortes d'hommes ", ailleurs et à d'autres points de vue, se réduisant à deux. Ce qui subsiste, c'est le geste du découpage. Pascal n'est guère l'homme des gradations insensibles des estompements progressifs, des franges indécises : les coupures qu'il pratique brillent d'un éclat minéral.

C'est ce même geste qui va expliquer le choix par Pascal des formes brèves, et plus généralement, comme l'attestent les brouillons des *Provinciales* et ceux de l'*Apologie,* la pratique naturelle d'une écriture immédiatement fragmentaire [11].

Mais avec ces dernières remarques, nous venons d'opérer un glissement : des hantises inconscientes ou préconscientes nous sommes passés à la claire conscience, à la méditation *voulue* sur la Bible ou sur Montaigne, et à la décision d'opter pour telle ou telle forme rhétorique. Bref, nous commençons à nous interroger sur ces "règles" inédites dont Gilberte nous assure que son frère usait avec une incomparable maîtrise.

11 Cf. J. MESNARD, « Pourquoi les pensées se représentent-elles sous forme de fragments ? » dans *Papers on French Seventeenth Century Literature,*1983, vol. X, n°19, p. 635 – 649. Cette tendance originaire a pu se développer d'autant plus librement que, *historiquement*, une pratique anticicéronienne de l'écriture ne cessait de gagner du terrain : Cf. M. FUMAROLI, *L'Age de l'éloquence*, Paris, Droz, 1969. Pour les dyades et les triades, Cf. S. 192 – La. 160, 209 – 178, 318 – 286, 321 – 289, 399 – 366, 13 - 394, 299 – 168, etc.

Des figures originaires aux découvertes de 1656

Ces " règles ", en l'absence de témoignages externes précis ou d'indications de Pascal suffisamment nombreuses, il ne s'agit pas de prétendre en proposer un dénombrement exhaustif. Il n'est par ailleurs pas toujours facile de discerner dans une œuvre les récurrences involontaires et les retours concertées. Néanmoins le texte pascalien doit une large part de la pression qu'il exerce à huit techniques dont le caractère voulu ne fait aucun doute. Deux, ou peut-être trois, d'entre elles étaient déjà maîtrisées au moment où s'ouvre la campagne des *Provinciales ;* deux autres se découvrent à Pascal en août 1656. Ces cinq " règles " vont se trouver réutilisées dans l'*Apologie*.

L'inventaire de ces " règles " acquises antérieurement à l'élaboration des *Pensées* paraîtra allusif : il ne pourra parfois que résumer des analyses publiées ou à paraître sur la rhétorique des *Provinciales ;* en outre, le panoramique ici présenté devrait être complété par toutes sortes de gros plans : l'hyperbole, la répétition, la phrase pascalienne, la citation, etc.

La première des techniques les plus anciennes n'est autre que *la recheche du discontinu et de la cassure*. Brusquant un théologien universitaire comme Arnauld, Pascal impose une forme brève sans modèles connus et s'adresse directement à un large secteur de l'opinion publique. L'étonnant, c'est la réussite du plus improbable des *alliages :* pour autoriser en théologie la forme épistolaire, saint Paul et ses émules bibliques ou patristiques. Mais pour transmuter le métal paulinien, l'appel à des ressources toutes neuves en 1656 : l'aisance mondaine du langage, le comique si sensible comme l'air du temps [12], et en même temps certains apports journalistiques : Montalte choisit la forme volante de la plupart des pamphlets de la Fronde, et plus précisément le format et le nombre de pages de la *Gazette* créée par Renaudot (huit ou douze pages in-4°). Seule la brièveté est frappante pour l'homme déchu. Devant l'ampleur du succès, Pascal, lorsqu'il commence à travailler à l'*Apologie*, envisage d'abord de composer une série de lettres courtes : *Lettres pour porter à rechercher Dieu, Lettre*

12 PASCAL faisait ses délices du *Roman Comique* (1651–1657) de Scarron, par ailleurs introducteur du burlesque en France et auteur de mazarinades. La *Onzième Provinciale* révèle quelles justifications la Bible pouvait fournir au rire (épuré) en théologie.

de l'injustice, etc [13]. Mais au cours de l'élaboration une dérive s'est produite : de la lettre au bref poème, ainsi que l'atteste le fragment sur les trois ordres. On ignore si " Le Mystère de Jésus " aurait été publié, mais Pascal y recourt à nouveau au poème et se donne pour modèle le verset biblique (la Bible de Louvain allait à la ligne après chaque verset). Ce choix du discontinu se manifeste aussi par le jaillissement des maximes ou des proverbes et par des successions de petites phrases souvent réduites à une proposition, qui produisent l'impression de la mitraille :

> Plaisante justice qu'une rivière borne ! Vérité au-deçà des Pyrénées, erreur au-delà [...] La coutume fait toute l'équité, par cette seule raison qu'elle est reçue. C'est le fondement mystique de son autorité. Qui la ramènera à son principe l'anéantit. Rien n'est si fautif que ces lois qui relèvent les fautes. Qui leur obéit parce qu'elles sont justes, obéit à la justice qu'il imagine, mais non pas à l'essence de la loi. Elle est toute ramassée en soi, elle est loi, et rien davantage (S. 94 – La. 60).

En descendant dans la hiérarchie des niveaux de l'écriture, nous découvrons cette pratique du discontinu et de la cassure à l'intérieur même des phrases. Des prolepses brutales imposent un nom propre : « Le nez de Cléopâtre, s'il eut été plus court toute la face de la terre aurait changé " (S. 32 – La. 413). Cette sorte de cri du nom propre, en tête des phrases, constitue l'une des beautés du " Mystère de Jèsus ", dont l'unité littéraire se manifeste en particulier par la récurrence de l'invocation du Nom (et plus rarement du pronom) : Pascal introduit en littérature l'*insistance* de la litanie liturgique.

Souvent l'apologiste *force* le lecteur à participer à l'élaboration du texte en multipliant les ruptures, en introduisant dans ses phrases toutes sortes de blancs syntaxiques : anacoluthes, asyndètes, phrases nominales, ellipses [14]. Pascal secoue ce même lecteur, en ponctuant de cassures rythmiques la fluidité de certains de ses textes. L'un des exemples les plus caractéristiques de cette volonté de réveiller, ce sont

[13] S. 38 – La. 4, 39 – 5, 41 – 7, 43 – 9, 45 – 11, 27 – 408.

[14] Cf. P. TOPLISS, *The Rhetoric of Pascal,* Leicester, 1966. Le verset 4 du S. 339 – La. 308 manifeste, si l'on se réfère à la ponctuation autographe, cette volonté de casser et de couper : « Ce sont trois ordres différents. De genre. ».

les espèces de coups de fouet sur lesquels s'achèvent maints versets du poème sur les trois ordres :

> Ils [les génies] sont vus, non des yeux, mais des esprits. C'est assez [...] // Ils [les saints] sont vus de Dieu et des anges, et non des corps ni des esprits curieux. Dieu leur suffit. // [Archimède] Ô qu'il a éclaté aux esprits [...] Tous les corps, le firmament, les étoiles, la terre et ses royaumes, ne valent pas le moindre des esprits. Car il connaît tout cela, et soi, et les corps rien (S. 339 – La. 308).

L'écoute de ces seuls versets révèle combien concerté est ce recours à la brièveté impérieuse des finales, avec la dureté de certaines ellipses. Elle nous remet en présence de la propension pascalienne aux oppositions tranchées – marquées ici par un usage constant de la négation sans nuance. L'ensemble du poème ouvre entre chaque ordre des abîmes. Avec son abandon progressif des sciences, Pascal a voulu conformer sa vie à sa vision du monde : ou bien la science, ou bien la sainteté.

La seconde technique consiste à *privilégier une panoplie de figures que la plupart des théoriciens du temps dénonçaient comme excessive.* Pascal, qui maîtrise admirablement l'art d'être bref, quand il juge que c'est le plus efficace, multiplie ailleurs les redondances, les pléonasmes voulus. Nombreux sont les couples de mots quasi synonymes, tels que " curieux et savants " ou " les fantaisies et les caprices " [15]. Mais le procédé suscite des syntagmes plus étendus : « C'est un enchantement incompréhensible et un assoupissement surnaturel. » (S. 681 – La. 427).

De parcilles redondances, de même que le goût des anaphores [16], n'apparenteraient-elles pas l'écrivain aux tenants de la période cicéronienne ? Il est certain que ni les *Provinciales* ni les *Pensées* ne s'interdisent le style périodique, mis le plus souvent au service de la véhémence. Mais un réglage précis commande l'alternance de l'ampleur et du style coupé. D'autre part, la période pascalienne frappe par sa singularité : au lieu des rondeurs que les rhétoriciens reconnaissent communément à la période dite cicéronienne, la phrase

[15] Cf. M. J. MAGGIONI, *The* Pensées *of Pascal. A study in baroque style*, Washington, 1950 ; J. LHERMET, *Pascal et la Bible*, Paris, 1931, S. 253 – La. 257.

[16] P. TOPLISS, p. 118 – 121, 279 – 281, 187.

ample, chez Pascal, s'apparente la plupart du temps aux réussites haletantes de Démosthène. Jugement souvent entendu, mais pratique fort peu étudiée.

Plus aisé à décrire est le choix de Pascal en faveur d'une esthétique de la répétition. Le grammairien Vaugelas n'approuvait que du bout des lèvres les répétitions stylistiques. Ce n'est pourtant pas directement à lui que l'apologiste s'oppose, lorsqu'il écrit :

> Quand dans un discours se trouvent des mots répétés et qu'essayant de les corriger on les trouve si propres qu'on gâterait le discours, il les faut laisser, c'en est la marque. Et c'est là la part de l'envie, qui est aveugle et qui ne sait pas que cette répétition n'est pas faute en cet endroit. Car il n'y a point de règle générale. (S. 542 – La. 515).

" Point de règle générale " ? Blaise contredirait-il ici l'affirmation de Gilberte ? Nullement. Son jugement fustige la rigidité de certains critiques envieux, probablement certaines condamnations des *Provinciales*, auxquelles les deux notes qui suivent immédiatement ce texte font référence. Aussi se tromperait-on du tout au tout si, d'après cette riposte, se présentait Pascal laissant échapper une répétition, plus – la plume en l'air – se torturant pour savoir s'il ne faut pas la supprimer, et enfin se résignant à la laisser subsister. En réalité, l'écrivain multiplie avec jubilation toutes sortes de reprises, comme dans les *Provinciales :* répétition d'une même vocable sans la moindre transformation, ou jeux plus subtils qui invitent à ressusciter quelques dénominations des vieux traités, telles que la polyptote ou la dérivation [17]. Aucune polyptote plus magistrale que le tissage du " Mystère de Jésus " autour des flexions du verbe *dormir*. Quant aux dérivations, voici l'une des plus célèbres : « Sans doute l'égalité des biens est juste, mais ne pouvant faire qu'il soit force d'obéir à la justice, on a fait qu'il soit juste d'obéir à la force. Ne pouvant fortifier la justice, on a justifié la force, afin que la justice et la force fussent ensemble ... » (S. 116 – La. 81). Accordons-nous un dernier plaisir terminologique, celui de la " réversion " : l'homme est plus

[17] « Tout ce qui se perfectionne par progrès périt aussi par progrès » (S. 643 – La. 779). – Polyptote : « La raison ne se *soumettrait* jamais si elle ne jugeait qu'il y a des occasions où elle se doit *soumettre*. Il est donc juste qu'elle se soumette quand elle juge qu'elle se doit soumettre » (S. 205 – La. 174).

inconcevable sans ce mystère [du péché originel] que ce mystère n'est inconcevable à l'homme. (S. 164 – La. 131).

La propension à imposer une pensée n'explique pas seulement le foisonnement des reprises, elle engendre aussi diverses pratiques qui relèvent de l'hyperbole. Pascal s'enchante visiblement des formes superlatives, qu'il s'agisse des superlatifs grammaticaux (le plus ...) ou de leurs équivalents sémantiques : « plaisant, ridicule, admirable, abominable, terrible, effroyable ... ». Heureuse la langue italienne, qui sait rassembler en un seul mot le sémantisme du superlatif et sa forme grammaticale : « Le plaisant Dieu que voilà ! *O ridicolosissime eroe !* » (S. 81 – La. 48).

L'hyperbole, déjà souveraine dans les *Provinciales,* ne frappe pas moins dans les *Pensées :* « L'homme n'est donc que déguisement, que mensonge et hypocrisie (S. 743 – La. 978) et " On ne fait que s'entre-tromper et s'entre-flatter [...] L'homme n'est qu'un sujet plein d'erreur » (S. 78 – La. 45) [18]. Cette seule figure mériterait toute une étude. Mais on ne saurait éviter dès à présent quelques remarques. L'hyperbole pascalienne est sous-tendue par une pensée forte, si forte même que certains énoncés des *Pensées,* qui ont été pris pour des hyperboles, révèlent à l'analyse une stricte adéquation du contenu et de l'expression. Rien de commun avec les hyperboles décoratives du Père Le Moyne, ni avec la raréfaction du sens dans les hyperboles pétrarquistes ou précieuses ! L'hyperbole pascalienne tient du projectile : la puissance de la poussée (intellectuelle et affective) confère un surplus de portée aux énoncés. En second lieu, cette omniprésence de l'hyperbole contredit les vœux des théoriciens du temps (Bouhours, l'abbé de Villars, Bretteville ...). Bien plus, aucun écrivain français, semble-t-il, n'a recouru à cette figure avec autant de constance et d'efficacité. De là, sans doute, pour une part, la toujours renaissante accusation d' " imposture ", du Père Nouet en 1656 au professeur Duchêne en 1984. Comme l'ironie, l'hyperbole suppose acquise une certaine complicité intellectuelle du lecteur, et la compréhension de l'univers de pensée qui lui est présenté. Pour peu que ce lecteur s'attache avec " mauvaise foi " aux formules hyperboliques ou que l'univers augustinien de Pascal lui soit étranger,

18 Cf. P. TOPLISS, p. 287 – 294 : « Among the figures that supply emphasis and contribute to boldness of style, none is more powerful than *hyperbole,* which takes precedance even over antithesis as the master figure of the *Pensées*. It epitomizes the aggressiveness of Pascal's approach, his " stock tactics ", his determination to force acceptance of Christianity upon a stunned and bewildered reader » (p. 288).

voici que se multiplient les controverses, sur la base d'objections fallacieuses.

Non moins inédite, du moins à ce degré, sauf peut-être chez d'Aubigné, une troisième technique : *l'imitation originale des prophètes d'Israël,* de plus en plus nette à mesure que se succèdent les *Lettres Provinciales,* puis théorisée en 1658 dans le *Projet de mandement contre l' " Apologie pour les casuistes ",* et enfin approfondie encore lors de l'élaboration de l'*Apologie.* Plusieurs dossiers des *Pensées* attestent que Pascal a scruté le style des prophètes et s'est essayé à traduire de longs oracles d'Isaïe et de Daniel, ainsi que des fragments d'Amos et d'Aggée. Il leur emprunte cette violence des images qui a si souvent frappé la critique : de là ces « misères qui nous tiennent à la gorge » ou cet amour-propre qui est un moyen de nous « crever les yeux agréablement » ; de là cette « comédie » sanglante de la vie, dont le dénouement tombe avec « une pelleté de terre sur la tête » [19]. Bien sûr, de telles images se rencontrent ailleurs que chez les prophètes, en particulier dans la langue plus drue du XVIème siècle et même du début du XVIIème. Mais vers 1660, à un moment où la langue et le discours ont subi toutes sortes d'épurations, c'est la pratique de la Bible qui a pu assurer à Pascal, comme d'ailleurs à Bossuet, une séduisante singularité [20].

L'apologiste recourt à la menace, à l'invective, sur l'utilité de laquelle nous le voyons réfléchir dans la liasse " Commencement ". Il n'est pas difficile de mettre en évidence dans l'*Apologie* le maintien de trois procédés déjà présents dans les *Petites Lettres :* l'emprunt aux prophètes ou aux psaumes (jugés prophétiques pour les augustiniens) de tout « un vocabulaire de l'attaque et de la déroute » (J.-J. Demorest) ; le recours constant aux allocuteurs (apostrophes, questions, impératifs) ; le refus presque total des modalisateurs, c'est-à-dire des procédés par lesquels un écrivain atténue la force de ses énoncés (si je ne me trompe, il me semble, si j'ose m'exprimer ainsi). Voilà encore un choix rhétorique diamétralement opposé aux recommandations de la plupart des théoriciens du temps, comme les Pères Bouhours ou Bernard Lamy. Maintenue dans les *Pensées,* cette imitation des prophètes s'y révèle toutefois moins présente que dans certaines pages des *Provinciales :* le genre littéraire n'est plus le

[19] S. 526 – La. 633, 78 – 44 et 197 – 165. – Sur la Bible comme modèle absolu de la rhétorique pascalienne, voir " Rhétorique et apologie : *Dieu parle bien de Dieu* " dans le volume collectif *Méthodes chez Pascal,*Paris, P.U.F, 1979. – Sur le modèle prophétique, voir le *Mandement,* éd. Cognet des *Provinciales,* p. 465.

[20] Cf. R. de la BROISE, *Bossuet et la Bible,* Paris, 1891.

même ; et Pascal prend desormais pour modèles – nous y reviendrons – toute une panoplie de livres bibliques : *L'Ecclésiaste*, les *Proverbes*, *Job* ...

Si des *Provinciales* aux *Pensées* l'imitation des prophètes s'élargit en soumission active à la diversité des productions rhétoriques du Saint-Esprit, c'est au cours même de l'élaboration des *Provinciales* que se sont précisées les quatrième et cinquième " règles " : *l'usage de la citation comme coup de fouet ou coup de massue* et *le réglage du rire*. Dans les premières *Lettres* se dessinait un portrait de l'artiste en montreur de marionnettes. Devant les critiques nés au sein même de Port-Royal, Pascal décide en août 1657 de relire la controverse qui avait opposé en 1626 Saint-Cyran au jésuite Garasse : en méditant sur *La Somme des fautes*, il s'aperçoit du bien-fondé des objections port-royalistes. Il a beau se justifier dans la *Onzième lettre*, il renonce soudain à la forme de comique qu'il avait précédemment pratiquée. Au rire léger succède un rire sérieux, mais en définitive plus agressif, la risée, dont maintes manifestations se retrouvent dans les *Pensées*. A la lecture de Saint-Cyran, le controversiste, qui dans les premières *Lettres* n'avait trouvé que des fins assez banales, découvre un art de terminer avec force : ou bien la véhémence prophétique, ou bien la citation d'autorité, qui ferme brutalement le texte et la bouche des adversaires [21]. Il existe un usage serein de la citation, par exemple chez un saint Thomas. La citation pascalienne apparaît souvent comme une arme.

Voilà donc où en était l'écrivain, au seuil de l'été 1657 : assuré dans la pratique de règles souples émanant du plus intime de sa personnalité, telles que le choix des formes brèves et du style coupé, ou le recours aux figures rhétoriques de la force ; entré plus récemment en possession de techniques comme l'imitation de la Bible, le réglage du rire et l'usage de la citation.

" *Dispositio* " et " *memoria* " (1657–1658)

L'enrichissement va se poursuivre. Quelques-uns des dossiers les plus anciens abondent en réflexions sur la manière de bien écrire dans une apologie.

21 Cf. l'article " La Rhétorique de Saint-Cyran ", dans les *Chroniques de Port-Royal*, Paris, Vrin, 1979, p. 39-54.

Dans la perspective adoptée – celle du *flectere* – le développement d'une sixième pratique saute aux yeux dès qu'on ouvre les *Pensées : la mathématisation des images et des arguments.* Monsieur Mesnard a mis en lumière l'étendue de cette alliance inédite entre « la science positive » et la littérature [22] : il a aussi montré que le fragment sur les trois ordres relève à la fois du poème et du théorème. Bien sûr, la forme extrême de cette innovation est constituée par le célèbre texte sur le Pari, si souvent dénoncé comme coup de force.

Inutile de nous attarder sur cette nouvelle hardiesse de Pascal en matière d'*elocutio*. En revanche, impossible de ne pas dire un mot de deux autres champs d'action de la force : celui de la *disposition* d'ensemble de l'*Apologie* et, tout à fait inattendue dans une œuvre écrite, celui de la *memoria*, dont Pascal subvertit les ambitions traditionnelles.

L'auteur des *Pensées* était conscient d'innover en ce qui concerne la composition de son ouvrage : « La disposition des matières est nouvelle » (S. 575 – La. 696). La nouveauté est même si grande que j'en négligerai ici certains aspects – comme « l'ordre du cœur » (S. 329 – La. 298) – pour m'en tenir à ce qui relève de la recherche de la force.

Pascal avait mis au point une véritable stratégie d'anéantissement par la *dispositio*. Il se proposait, selon ses propres termes de " travailler " (S. 38 – La. 2) l'incroyant, de le laisser tituber longuement dans le labyrinthe des systèmes – philosophies et fausses religions. L'apologiste prend plaisir à *manipuler* son lecteur : avec ses renversements du pour au contre il le fait tourner comme, dans certains jeux, on fait tourner un enfant les yeux bandés. Plaisir d'augmenter le vertige et l'égarement.

Le libre penseur s'affiche volontiers sceptique. Eh bien ! on allait lui administrer une cure de scepticisme dont il se souviendrait. Stratégie hardie, peut-être dangereuse, et qui à Port-Royal ne ralliait pas tous les suffrages, si l'on en croit l'*Entretien avec M. de Sacy.* C'est seulement au terme de ce pénible ballotement que commencerait une véritable présentation de la foi, car « il est bon d'être lassé de l'inutile recherche du vrai bien pour tendre les bras au Libérateur » (S. 524 – La. 631).

22 *Les* Pensées *de Pascal,* Paris, S.E.D.E.S. , 1976, p. 56-97.

Il est instructif d'entendre avec quelle brutalité l'apologiste met son interlocuteur à genoux. Il s'agit d'un tournant dans le long fragment sur le pyrrhonisme :

> Connaissez donc, superbe, quel paradoxe vous êtes vous-même. Humiliez-vous, raison impuissante ! Taisez-vous, nature imbécile, apprenez que l'homme passe infiniment l'homme et entendez de votre maître votre condition véritable que vous ignorez.
>
> Ecoutez Dieu (S. 164 – La. 131).

> De là cette prosopopée de la Sagesse divine, qui révèle à des êtres chancelants, incertains, le secret de leurs énigmatiques existences (S. 182 – La. 149).

L'ensemble de ce dispositif, s'il est inédit dans une *Apologie* de la foi, a-t-il été inventé par Pascal ? Nullement. Mais le coup de génie de l'écrivain fut d'adapter à ses propres visées l'organisation du *Livre de Job*. C'est là qu'il a vu un personnage errer pendant trente-huit chapitres, se heurter au mur de l'incompréhensible, pour finalement écouter, prostré dans la poussière et la main à la bouche, la révélation de la Transcendance.

C'est de *Job* aussi qu'on pouvait s'autoriser pour ironiser sans trêve sur les fantaisies de la raison humaine en métaphysique et en morale : comme ils font figure de philosophes , les futiles amis de *Job!* Aux yeux d'un Pascal, le *Livre de Job* justifiait l'entreprise de Montaigne dans l'*Apologie de Sebond*. L'auteur des *Pensées* ne pouvait pas ne pas entendre un écho de la raillerie divine dans maints sarcasmes des *Essais :* « Le moyen que je prends pour rabattre cette frénésie et qui me semble le plus propre, c'est de froisser et fouler aux pieds l'orgueil et humaine fierté ; leur faire sentir l'inanité, la vanité, et dénéantise de l'homme ; leur arracher des poings les chétives armes de leur raison ; leur faire baisser la tête et mordre la terre sous l'autorité et révérence de la majesté divine. » Jubilant à la lecture de ce texte chargé d'images de combat, Pascal l'a choisi pour présenter Montaigne à Sacy : « Il ne put se retenir, et lui dit : 'je vous avoue, monsieur, que je ne puis voir sans joie, dans cet auteur, la superbe raison si invinciblement froissée par ses propres armes' ... »[23].

Plus original encore – et nous ne cessons de vérifier combien Gilberte avait apprécié à leur juste valeur les innovations rhétoriques de son frère – apparaît le traitement administré à la quatrième partie traditionnelle de l'art de parler, la *memoria*.

Habituellement la *memoria* enseigne à l'orateur comment mémoriser ses formules et la succession de ses arguments. Plus généralement, aujourd'hui, elle conduit les conférenciers à mettre au point leur rapport mémoriel à leur causerie : les uns parlent sur canevas, voire autour de quelques slogans (Malraux) ; d'autres apprennent par cœur (de Gaulle) ; certains prédicateurs rédigent la totalité de leur texte, et ensuite négligent leurs feuillets, etc. Comme on le voit les recherches de la *memoria* sont en principe étrangères à la pratique purement écrite de la littérature : les *Pensées* n'étaient pas destinées à être prononcées par leur auteur.

Pourtant, par un de ses " renversements " auxquels il excelle, Pascal a métamorphosé le champ de la *memoria*. La question que lui se pose est la suivante : comment écrire des textes qui s'impriment immédiatement et durablement dans la mémoire des lecteurs[24] ? La *memoria* pénètre ainsi jusqu'au plus intime de l'écriture littéraire.

Jusqu'alors la tradition rhétorique et la spiritualité avaient seulement souligné l'importance du choix des textes à faire apprendre par cœur aux enfants. De Quintilien à saint Basile ou Pierre Nicole, on répète : « Il ne faut jamais permettre que les enfants apprennent rien par cœur qui ne soit excellent », car cela leur forme à la fois « l'esprit et le style »[25]. Or il est frappant de voir que Nicole loue Pascal

23 *Essais,* II, 12 (éd. Villey, Paris, P.U.F., 1965, p. 448) et *Entretien avec M. de Sacy,* éd. Courcelle, Paris, Vrin, p. 45. Même joie dans les *Pensées :* « Que j'aime à voir cette superbe raison humiliée et suppliante ! » (S. 85 – La. 52). L'écho de *Job* est encore plus perceptible dans un autre passage de l'*Entretien:* « Il gourmande si fortement et si cruellement la raison dénuée de la foi [...] jusqu'à ce qu'elle soit instruite par son Créateur même de son rang qu'elle ignore » (éd. Courcelle, p. 35).

24 Renversement comparable à propos des " attachements ". La spiritualité traditionnelle demandait aux chrétiens de ne pas s'attacher (au sens très fort de ce terme) aux créatures, à autrui. Chez Pascal la recommandation devient : « Il est injuste qu'on s'attache à moi ... » (S. 15 – La. 396). – Sur la *memoria* traditionnelle, voir par exemple Quintilien, *L'Institution oratoire,* XI, 2 et le livre de France YATES, *The Art of Memory* (1956).

25 NICOLE, *Essais de morale,* t. II, 1725, p. 246 (cf. p. 257-258). – « Car les choses qu'on apprend par cœur [...] sont comme des moules et des formes

presque dans les mêmes termes que Virgile, le seul auteur qui pourrait être appris par cœur en entier [26]. Se doutait-il que l'auteur des *Pensées* avait travaillé on ne peut plus consciemment à mériter une telle appréciation ?

Pascal est convaincu que dans sa faiblesse l'homme déchu a besoin, pour tenter de vivre avec quelque grandeur, de s'armer d'éblouissantes citations. Il avait pu réfléchir à la pratique d'un Montaigne inscrivant sur les poutres de sa " librairie " les textes qui le sollicitaient le plus intensément. La liturgie catholique, en faisant répéter les psaumes et les hymmes, imprimait au cœur des croyants de magnifiques formules sur le rapport de l'homme au Dieu personnel.

Un tel recours à des textes de diamant ne faisait que pousser à l'extrême les invitations des maîtres de la rhétorique antique à ne fréquenter que les esprits élevés et les œuvres de haute valeur. Montaigne, encore lui, avait repris ces appels dans " De l'art de conférer ", un essai que Pascal admirait tout particulièrement. En proposant à l'être humain de s'envoûter lui-même de splendides citations, l'apologiste tirait les conséquences de sa théorie de la " machine " : l'homme peut librement s'astreindre à la répétition, à l'apprentissage, qui le lient insensiblement dans des habitudes qu'il s'est choisies. Rien n'importe tant à l'homme que la qualité de sa rêverie diurne :

> L'homme est ainsi fait qu'à force de lui dire qu'il est un sot, il le croit. Et à force de se le dire à soi-même, on se le fait croire. Car l'homme fait lui seul une conversation intérieure, qu'il importe de bien régler. *Corrumpunt bonos mores colloquia prava.* Il faut se tenir en silence autant qu'on peut, et ne s'entretenir que de Dieu, qu'on sait être la vérité. Et ainsi on se le persuade à soi-même [27].

que les pensées prennent lorsqu'ils [les hommes] les veulent exprimer [...]. Un imprimeur qui n'aurait que des caractères gothiques, n'imprimerait aussi rien qu'en lettres gothiques [...]. Ces personnes [mal formées dans l'enfance] n'ayant dans l'esprit que des moules gothiques, leurs pensées en se revêtant d'expression prennent toujours un air gothique et scolastique dont ils ne sauraient se défaire » (*Ibid.* , p. 246-248).

26 *Ibid.* : " De l'éducation d'un prince ", para. 42, à comparer aux paragraphes 32, 35, 39 et 40.

27 S. 131 – La. 170. Comme c'est le cas avec la théologie du *Deus absconditus*, Pascal se saisit de textes bibliques épars et les métamorphose en une théorie incisive où l'*elocutio* subit l'attraction d'un pôle nouveau de la *memoria*.

La répétition des " à force de " attire l'attention sur le rapport de ces habitudes langagières avec le *flectere* des rhétoriques. Pour " ne s'entretenir que de Dieu ", rien de mieux que les citations de l'Écriture, comme l'illustrent tant de textes personnels de Pascal (le *Memorial*, etc.). Ce n'est pas un hasard si, au cœur même de la réflexion, surgit un fragment de saint Paul.

Convaincu de la capacité des citations à infléchir – avec l'aide de Dieu – les existences, Pascal ne se propose rien de moins que de composer une œuvre qui d'emblée s'impose à toutes les mémoires. Il se cherche des modèles. Il en évoque deux : Épictète et Montaigne. Non que ces auteurs aient, comme lui, *voulu s'imposer*. Mais à lui qui les pratique, leurs œuvres apparaissent comme exceptionnellement faciles à mémoriser :

> La manière d'écrire d'Épictète, de Montaigne et de Salomon de Tultie, est la plus d'usage, qui s'insinue le mieux, qui demeure plus dans la mémoire et qui se fait le plus citer, parce qu'elle est toute composée de pensées nées sur les entretiens ordinaires de la vie ; comme, quand on parlera de la commune erreur qui est parmi le monde que la lune est cause de tout, on ne manquera jamais de dire que Salomon de Tultie dit que … . (S. 618 – La. 744).

L'apologiste a développé cette méditation rhétorique après avoir composé une " maxime " dont il est convaincu qu'elle est appelée à *se faire citer :* « Lorsqu'on ne sait pas la vérité d'une chose, il est bon

Outre saint Paul cité ici (*1 Corinthiens*, XV, 33), ce fragment est nourri de maints versets des *Psaumes : Ps.* 31, verset 4 ; *Ps.* 63 ; *Ps.* 118, que Pascal récitait tous les jours et mettait au-dessus de tous les autres. Le texte du *Mémorial* (sur parchemin) s'achève sur le verset 16 de ce *Psaume* 118 : *Non obliviscar sermones tuos*. – Dès 1648 – le 5 novembre – Blaise et Jacqueline avaient écrit à Gilberte :

> On ne doit jamais refuser de lire ni d'ouïr les choses saintes, si communes et si connues qu'elles soient ; car notre mémoire, aussi bien que les instructions qu'elle retient, n'est qu'un corps inanimé et judaïque sans l'esprit qui les doit vivifier. Et il arrive très souvent que Dieu se sert de ces moyens extérieurs pour les faire comprendre et pour laisser d'autant moins de matière à la vanité des hommes lorsqu'ils reçoivent ainsi la grâce en eux-mêmes (La. p. 274).

qu'il y ait une erreur commune, qui fixe l'esprit des hommes » (S. 618 – La. 744).

Mais, comme toujours, ces écrivains profanes ne sont reçus dans la rhétorique pascalienne que parce qu'ils reproduisent ici à leur insu les règles inspirées qui ont présidé au surgissement des Livres saints. Si Salomon – Pascal se met sous son patronage avec le pseudonyme dont lui-même se désigne – est avec *Job*, celui qui a " le mieux parlé " (S. 22 – La. 403) de la misère de l'homme, c'est d'abord à cause du caractère simple et concret de son langage, à fleur de vie, comme celui du Christ. C'est aussi à cause du choix de certains moules stylistiques : le proverbe (dans le *Livre* qui porte ce nom), le poème serti dans un texte en prose (dans le *Livre de Job)*, les reprises incessantes (dans l'*Ecclésiaste* et dans d'innombrables autres textes). Sous l'influence de la Bible, la redondance gagne des groupes de phrases, et parfois le texte entier de certains fragments pascaliens. Le plus typique de ces procédés est représenté par les " parallélismes hébraïques " (synonymiques ou antithétiques), si fréquents dans l'*Apologie*, et qui relèvent à la fois du *flectere* et de la *memoria :*

> Non seulement nous ne connaissons Dieu que par Jésus-Christ, mais nous ne nous connaissons nous-mêmes que par Jésus-Christ. Nous ne connaissons la vie, la mort que par Jésus-Christ. Hors de Jésus-Christ nous ne savons ce que c'est ni que notre vie, ni que nous-mêmes. Ainsi, sans l'Écriture, qui n'a que Jésus-Christ pour objet, nous ne connaissons rien et ne voyons qu'obscurité et confusion dans la nature de Dieu et dans la propre nature (S. 36 – La. 417) [28].

Rien de commun dans ces pratiques, avec la maïeutique socratique. Les reprises bibliques elles-mêmes, nées tout simplement de l'art des conteurs dans une culture orale, possèdent rarement la force de frappe des répétitions pascaliennes.

S'imprimer de force dans la mémoire du lecteur, avec l'espoir d'infléchir ses modes de penser et ses conduites, ne serait-ce pas la

[28] Pascal a joué de ces reprises selon toutes sortes de modalités : S. 20 – La. 401, 33 – 414, 17 – 398. D'autres exemples sont donnés dans " Rhétorique et apologie ... " (art. cité). Cf. J. LHERMET, *Pascal et la Bible,* 1931, p. 339 – 349 ; J. STEINMANN, *Pascal,* Paris, 1954.

forme rhétorique du célèbre *Compelle intrare*, revu et corrigé par les augustiniens [29] ?

*

* *

Comment conclure ? Sinon en revenant sur le titre même de cette étude : " Imaginaire et rhétorique " ? L'imagination pascalienne est armée. Voilà pourquoi Pascal a si souvent employé ses forces à se battre : contre Saint-Ange, contre le Père Noël, contre les théologiens jésuites ... *Adversary and Advocate*, selon l'heureux sous-titre du *Pascal* récemment publié par Robert Nelson. Cette pugnacité n'implique aucunement que l'écrivain se soit aventuré en des combats douteux. Mais elle assurait à d'excellentes causes un controversiste redoutable.

De ce rapport particulier au monde est née une rhétorique « dont on ne s'était point encore avisé ». Les huit règles réunies dans les pages précédentes n'épuisent certainement pas les intimations de cet imaginaire. Mais d'ores et déjà se propose un principe d'explicitation capable de conjurer le danger qui menace les analyses rhétoriques : la dispersion du catalogue.

Devant les hardiesses littéraires de ce mathématicien théologien – Isaïe géomètre – peut-on continuer à classer son œuvre parmi les réussites du " classicisme " ? Si l'écriture classique atténue et recourt aux " effets de sourdine " (L. Spitzer), la force prophétique de Pascal ne le situe-t-elle pas à contre-courant des idéaux de son temps ? En 1660 sa rhétorique était à bien des égards " inactuelle " : *Unzeitliche Betrachtungen*, pour reprendre le titre d'un de ses plus prestigieux admirateurs, Nietzsche.

Philippe SELLIER Université Paris V.

29 En se réclamant abusivement d'une parabole évangélique (*Luc*, XIV, 23), Augustin a construit sa justification de la contrainte physique en matière de foi. Plus sainement, dans les œuvres de combat qui l'opposent à l'évêque pélagien Julien d'Éclane, il recourt aux réitérations : « Je te le répète, afin que, même si tu te refuses à l'évidence de la réalité, celle-ci entre de force dans ton cerveau. »

TABLES ANALYTIQUES

I. INDEX DES ŒUVRES DE PASCAL

II. INDEX DES PENSÉES CITÉES

Numéro d'ordre, Lafuma :

III. INDEX DES NOMS PROPRES

IV. INDEX DES CHOSES

V. INDEX DES TEXTES BIBLIQUES

Ancien Testament

Nouveau Testament

TABLE DES MATIERES

Imprimerie de la Manutention à Mayenne — 6 juin 1988 — N° 223-88